원서발췌
숫타니파타
-정수 375편

고전 명작을 읽는 가장 쉬운 길,
'지식을만드는지식 원서발췌'

축약, 해설, 리라이팅이 아닙니다. 원전의 핵심 내용을 문장 그대로 가져옵니다. 작품의 오리지낼리티를 가감 없이 느낄 수 있습니다.
두껍고 읽기 어려워 책장을 덮어 버리곤 했던 고전을 발췌합니다. 해당 작품을 연구한 전문가가 작품의 정수를 가려 뽑아냅니다. 핵심만 읽기 때문에 더 빠르게 더 많은 고전을 읽을 수 있습니다. 제외된 부분은 중간중간 친절하게 요약 설명합니다. 풍부한 해설과 주석으로 전체 내용을 파악하는 데 무리가 없습니다. 정확한 번역, 적절한 윤문으로 10대에서 80대까지 누구나 쉽게 읽을 수 있습니다. 콤팩트한 사이즈와 분량이므로 간편하게 휴대할 수 있습니다. 수천 쪽의 고전을 발췌된 내용으로 읽고도 전체 의미를 파악할 수 있는 것이 지식을만드는지식 원서발췌의 매직입니다. 발췌율은 표지에 표시하고 발췌 방법은 일러두기에 상세히 밝힙니다.
고전 독자를 발췌 읽기에서 완역 읽기로, 더 나아가 원전 읽기로 안내합니다. 바쁜 현대인들에게 새로운 고전읽기 방법을 제시합니다.

원서발췌
숫타니파타
–정수 375편

Sutta -nipāta

지은이 미상
지안 옮김

대한민국, 서울, 지식을만드는지식, 2026

편집자 일러두기

- 《숫타니파타》는 원래 남전(南傳) 대장경 팔리어본에 수록된 경으로 한역본에는 《불설의족경(佛說義足經)》이란 이름으로 팔리어본 가운데 〈의품(義品)〉에 해당되는 부분이 2권으로 번역되어 실려 있습니다. 이 책은 이를 참고로 부분 번역하고, 1969년도에 발간된 한글 대장경에 수록된 《숫타니파타》 전문을 발췌, 초록해 윤문, 정리하여 간추렸습니다.
- 원래 《숫타니파타》는 운문 형식의 시구로 된 1,149편의 글이 모아진 것입니다. 이 가운데 현대인들에게 쉽게 전달될 수 있는 내용을 각 품(品)에서 추려 33%에 해당되는 375편을 묶었습니다.
- 각 장에서 빠진 번호는 발췌를 위해 생략한 부분입니다.
- 각주는 모두 옮긴이가 작성한 것입니다.
- 이 책은 2008년 10월 15일 한정판 '고전선집' 시리즈로 처음 출간했습니다. 2011년 11월 30일 표지를 바꿔 '천줄읽기' 시리즈로 다시 출간했다가 이번에 '원서발췌' 시리즈로 옮겨 출간합니다.

차례

제1장 사품(蛇品)

제2장 소품(小品)

제3장 대품(大品)

제4장 의품(義品)

제1장 사품(蛇品)

1. 뱀이 허물을 벗듯이

독사에 물린 사람이 독이 몸에 퍼지는 것을 약으로 다스리듯이 치미는 화를 삭이는 수행자는 이 세상 저세상을 모두 버린다. 마치 뱀이 허물을 벗듯이.

연못에 핀 연꽃을 물속에 들어가 꺾듯이 애욕을 말끔히 끊어버린 수행자는 이 세상 저세상을 모두 버린다. 마치 뱀이 묵은 허물을 벗듯이.

넘쳐흐르는 애착의 물줄기를 남김없이 말려버린 수행자는 이 세상 저세상을 모두 버린다. 마치 뱀이 묵은 허물을 벗듯이.

거센 물길이 약한 갈대의 둑을 무너뜨리듯이 교만한 마음을 죄다 없애버린 수행자는 이 세상 저세상을 모두 버린다. 마치 뱀이 묵은 허물을 벗듯이.

무화과나무 숲에서 꽃을 찾을 수 없듯이 모든 존재는 영원한 실체가 없다고 보는 수행자는 이 세상 저세상을 모두 버린다. 마치 뱀이 묵은 허물을 벗듯이.

안으로 성냄이 없고, 밖으로 세상의 영고성쇠(榮枯盛衰)를 초월한 수행자는 이 세상 저세상을 모두 버린다. 마치 뱀이 묵은 허물을 벗듯이.

망상이 불타 없어지고 마음이 잘 다듬어진 수행자는 이 세상 저세상을 모두 버린다. 마치 뱀이 묵은 허물을 벗듯이.

악의 뿌리를 뽑아버려 나쁜 버릇이 조금도 없는 수행자는 이 세상 저세상을 모두 버린다. 마치 뱀이 묵은 허물을 벗듯이.

이 세상에 다시 태어날 원인이 되는 번뇌를 갖지 않은 수행자는 이 세상 저세상을 모두 버린다. 마치 뱀이 묵은 허물을 벗듯이.

다섯 가지 덮임(五蓋)*을 버리고 번뇌가 없고 의혹을 없애 괴로움이 없는 수행자는 이 세상 저세상을 모두 버린다. 마치 뱀이 묵은 허물을 벗듯이.

* 번뇌의 근본이 되는 다섯 가지. 곧 욕심(貪), 성냄(瞋), 어리석음(痴), 교만(慢), 의심(疑)이다.

2. 무소의 뿔처럼 혼자서 가라

모든 생명체에 대하여 폭력을 쓰지 말라. 모든 생명체를 그 어느 것 하나도 괴롭히지 말라. 출가수행자는 자녀를 갖고자 하지도 말라. 친구와 함께 있고자 하지도 말라. 무소의 뿔처럼 혼자서 가라.

서로 사랑하는 사람에게는 사랑과 그리움이 생긴다. 사랑과 그리움에는 괴로움이 따른다. 사랑과 그리움에서 괴로움이 생기는 줄을 알고, 무소의 뿔처럼 혼자서 가라.

숲속의 사슴이 마음대로 먹이를 찾아다니듯 지혜로운 사람은 독립과 자유를 찾아, 무소의 뿔처럼 혼자서 가라.

사방으로 돌아다니며 남을 해치려는 생각 없이 무엇에든지 만족할 줄 알고 온갖 고난을 이겨 두려움 없이, 무소의 뿔처럼 혼자서 가라.

욕망은 실로 그 빛깔이 곱고 달콤하며, 흥을 돋우고, 여러 가지로 마음을 흐트러지게 한다. 욕망의 대상에는 이러한 우환이 있다는 것을 알고, 무소의 뿔처럼 혼자서 가라.

욕망이 내게는 재앙이며 종기이고 화다. 병이고 화살이고 공포다. 이렇듯 모든 욕망의 대상에는 두려움이 있다. 이것을 알고, 무소의 뿔처럼 혼자서 가라.

추위와 더위, 굶주림, 갈증, 비바람, 그리고 뜨거운 햇볕과 쇠파리와 뱀, 이러한 모든 것을 이겨내고, 무소의 뿔처럼 혼자서 가라.

탐내지 말고 속이지 말며, 갈망하지 말고 남의 덕을 가리지도 말며, 미혹과 혼탁을 버리고, 세상의 온갖 애착에서 벗어나, 무소의 뿔처럼 혼자서 가라.

물속의 고기가 그물을 벗어난 것처럼, 불이나 다 탄 곳에는 다시 불이 붙지 않는 것처럼, 모든 번뇌의 매듭을 끊어 버리고, 무소의 뿔처럼 혼자서 가라.

소리에 놀라지 않는 사자처럼, 그물에 걸리지 않는 바람처럼, 흙탕물에 더럽혀지지 않는 연꽃처럼 무소의 뿔처럼 혼자서 가라.

3. 밭을 가는 사람

어느 때 거룩하신 스승 부처님께서는 마가다국 남쪽 산에 있는 띠(茅)라고 하는 바라문 촌에 계셨다.
그때 밭을 갈고 있던 바라문 바라드바자는 씨를 뿌리려 500자루의 괭이를 소에 매었다.
스승께서는 오전에 옷을 입고 가사를 수하고 발우를 들고 밭을 갈고 있는 바라문 바라드바자에게로 갔다. 바라드바자는 음식을 나누어주고 있었다. 스승은 한쪽에 가 서서 기다렸다. 바라문 바라드바자는 음식을 받기 위해 서 있는 스승에게 말했다.
"사문(沙門)이여, 나는 밭을 갈고 씨를 뿌립니다. 밭을 갈고 씨를 뿌린 후에 먹습니다. 사문이여, 당신도 밭을 가십시오. 그리고 씨를 뿌리십시오. 갈고 뿌린 다음에 드십시오."
스승은 대답했다.
"바라문이여, 나도 밭을 갈고 씨를 뿌립니다. 갈고 뿌린 다음에 먹습니다."
바라문이 말했다

"나는 당신이 밭을 갈고 씨를 뿌리는 것을 본 적이 없습니다. 당신의 멍에나 호미, 호미 날, 작대기나 소는 어디에 있습니까?"

그리고 바라문 바라드바자는 시를 읊어 다시 물었다.

"당신은 농부라고 자처하지만, 우리는 당신이 밭을 가는 것을 본 일이 없습니다. 당신이 밭을 간다는 것을 알아듣도록 설명해 주십시오."

스승은 대답했다.

"믿음은 종자요, 고행은 비이며, 지혜는 내 멍에와 호미, 부끄러움은 괭이자루, 의지는 잡아매는 새끼, 생각은 내 호미 날과 작대기입니다. 몸은 근신하고 말을 조심하며, 음식을 절제하여 과식하지 않습니다. 나는 진실을 김매는 것으로 하고 있습니다. 부드럽고 온화함이 내 멍에를 떼어놓습니다.

노력은 나의 황소여서 나를 안온한 경지로 실어줍니다. 물러남이 없이 앞으로 나아가 그곳에 이르면 근심 걱정이 없어집니다. 나의 밭갈이는 이렇게 해서 이루어지며, 단이슬(甘露)의 과보를 가져옵니다. 이런 농사를 지으면, 모든 고뇌에서 풀려나게 됩니다."

이때 밭을 갈던 바라문 바라드바자는 큰 청동 발우에 우유죽을 가득 담아 스승에게 올렸다.

"고타마께서는 우유죽을 드십시오. 당신은 진실로 밭을 가는 분이십니다."

4. 수행자의 종류

대장장이 아들 춘다가 말했다.

"위대하고 지혜로운 성인이자 눈을 뜬 어른이시고, 진리의 주인이며, 모든 애착을 떠나신 분, 인류 가운데 가장 높으시고, 훌륭한 마부와 같으신 분께 여쭤보겠습니다. 세상에는 얼마나 되는 수행자가 있습니까? 일러주십시오."

스승(부처님)은 대답했다.

"춘다여, 네 가지 수행자가 있고, 그 이상은 없느니라. 지금 그대의 물음에 답하리라. '도로써 승리한 사람', '도를 말하는 사람', '도에 사는 사람', 그리고 '도를 더럽히는 사람'이니라."

대장장이 춘다는 말했다.

"눈을 뜬 어른이시여, 누구를 가리켜 '도로써 승리한 사람'이라 부르십니까? 그리고 '도를 생각하는 사람'은 어찌하여 다른 이와 견줄 수 없습니까? 또 묻겠습니다만 '도에 의해 산다'는 것을 설명해 주십시오. 그리고 '도를 더럽히는 사람'에 대해서도 제게 말씀해 주십시오."

"진리에 대한 의혹을 넘어서고 고뇌를 떠나 열반을 즐기며, 탐욕을 버리고 신(神)들을 포함한 세계를 이끄는 사람, 이런 사람을 '도로써 이긴 사람'이라고 눈을 뜬 사람은 말한다.

법이 이 세상에서 가장 으뜸가는 것으로 알고, 법을 설하고 판별하는 사람, 의혹을 버리고 동요하지 않는 성인을 수행자들 중에서 둘째로 '도를 말하는 사람'이라 부른다.

잘 설명된 법의 말씀인 도에 살아 스스로 절제하고, 깊이 생각해서 잘못된 말을 하지 않는 사람을 수행자들 중에서 셋째로 '도에 사는 사람'이라 부른다.

맹세한 계율을 잘 지키는 체하지만, 고집 세고 가문을 더럽히며, 오만하고 거짓이 많으며, 자제력이 없고 말 많고 그러면서도 잘난 체하는 사람을 가리켜 '도를 더럽히는 사람'이라고 한다."

5. 파멸에 대하여

어느 때 거룩하신 스승(부처님)은 슈라바스티(舍衛城)* 의 제타 숲, 고독한 사람들에게 먹을 것을 나눠주는 장자의 동산(祇樹給孤獨園, 祇園精舍)에 계셨다. 그때 용모가 아름다운 한 신이 밤중에 제타 숲을 두루 비추면서 스승께 가까이 왔다. 그리고는 스승께 절하고 한쪽에 서서 시를 읊어 말하는 것이었다.

"저희는 파멸하는 사람에 대해서 고타마께 여쭈어보겠습니다.

파멸에 이르는 문은 어떤 것입니까? 스승께 그것을 묻고자 이렇게 찾아왔습니다."

스승은 대답했다.

* 고대 인도 코살라국의 수도였던 곳으로 사위성이라 한다. 이 성 밖에 기원정사가 있었으며 부처님이 이곳에서 24안거를 했다고 알려져 있는 곳이다.

"번영하는 사람도 알아보기 쉽고, 파멸로 가는 사람도 알아보기 쉽다. 진리를 사랑하는 사람은 번영하고, 진리를 싫어하는 사람은 망한다."

"잘 알겠습니다. 옳은 말씀입니다. 이것이 첫째 파멸입니다. 스승님, 둘째 것을 말씀해 주십시오. 파멸의 문은 무엇입니까?"

"나쁜 사람들을 사랑하고 착한 사람을 사랑하지 않으며, 나쁜 사람이 하는 일을 즐기면, 이것은 파멸의 문이다."

"잘 알겠습니다. 옳은 말씀입니다. 이것이 둘째 파멸입니다. 스승님, 셋째 것을 말씀해 주십시오. 파멸의 문은 무엇입니까?"

"잠자는 버릇이 있고, 교제의 버릇이 있고, 분발해서 정진하지 않고 게으르며, 걸핏하면 화 잘 내는 것으로 이름난 사람이 있다. 이것은 파멸의 문이다."

"잘 알겠습니다. 옳은 말씀입니다. 이것이 셋째 파멸입니다. 스승님, 넷째 것을 말씀해 주십시오. 파멸의 문은 무엇입니까?"

"자기는 풍족하게 살고 있으면서 늙어 쇠약한 부모는 돌보지 않는 사람이 있다. 이것은 파멸의 문이다."

"잘 알겠습니다. 옳은 말씀입니다. 이것이 넷째 파멸입니다. 스승님, 다섯째 것을 말씀해 주십시오. 파멸의 문은 무엇입니까?"

"바라문이나 사문, 혹은 다른 걸식하는 이를 거짓말로 속인다면, 이것은 파멸의 문이다."

"잘 알겠습니다. 옳은 말씀입니다. 이것이 다섯째 파멸입니다. 스승님, 여섯째 것을 말씀해 주십시오. 파멸의 문은 무엇입니까?"

"엄청나게 많은 재물과 황금과 먹을 것이 있는 사람이 저 혼자서만 맛있는 것을 먹는다면, 이것은 파멸의 문이다."

"잘 알겠습니다. 옳은 말씀입니다. 이것이 여섯째 파멸입니다. 스승님, 일곱째 것을 말씀해 주십시오. 파멸의 문은 무엇입니까?"

"혈통을 뽐내고 재산과 가문을 자랑하면서 자기네 친척을 멸시하는 사람이 있다. 이것은 파멸의 문이다."

"잘 알겠습니다. 옳은 말씀입니다. 이것이 일곱째 파멸입니다. 스승님, 여덟째 것을 말씀해 주십시오. 파멸의 문은 무엇입니까?"

"여자에게 미치고 술과 도박에 빠져 돈을 버는 족족 잃어버리는 사람이 있다. 이것은 파멸의 문이다."

"잘 알겠습니다. 옳은 말씀입니다. 이것이 여덟째 파멸입니다. 스승님, 아홉째 것을 말씀해 주십시오. 파멸의 문은 무엇입니까?"

"자기 아내로 만족하지 않고, 매춘부와 놀아나고, 남의 아내와 어울린다. 이것은 파멸의 문이다."

"잘 알겠습니다. 옳은 말씀입니다. 이것이 아홉째 파멸입니다. 스승님, 열 번째 것을 말씀해 주십시오. 파멸의 문은 무엇입니까?"

"한창때를 지난 남자가 불룩한 유방을 가진 젊은 여인을 유인하여 그녀를 질투하는 일로 밤잠을 이루지 못한다면, 이것은 파멸의 문이다."

"잘 알겠습니다. 옳은 말씀입니다. 이것이 열 번째 파멸입니다. 스승님, 열한 번째 것을 말씀해 주십시오. 파멸의 문은 무엇입니까?"

"술과 고기 맛에 빠져 재물을 헤프게 쓰는 여자나 남자에게, 집안일의 실권을 맡긴다면, 이것은 파멸의 문이다."

"잘 알겠습니다. 옳은 말씀입니다. 이것이 열한 번째 파멸입니다. 스승님, 열두 번째 것을 말씀해 주십시오. 파멸의 문은 무엇입니까?"

"크샤트리아(武士)* 집안에 태어난 사람이 권세는 작은

* 인도의 사성(四姓) 계급 가운데 두 번째인, 바라문 다음가는 찰제리

데 욕망만 커서, 이 세상에서 왕위를 얻고자 한다면, 이것은 파멸의 문이다.

세상에는 이러한 파멸이 있다는 것을 잘 살펴서, 성현들은 진리를 보고 행복한 세계에 이른다."

족을 말한다.

6. 천한 사람

어느 때 거룩하신 스승은 슈라바스티의 제타 숲, 고독한 사람들에게 먹을 것을 나눠주는 장자의 동산에 계셨다. 그때 스승께서는 오전에 내의를 입고 바리때*와 겉옷을 걸치고 밥을 빌러 슈라바스티 성안에 들어가셨다.

그때 불을 섬기는 바라문 바라드바자의 집에는 성화(聖火)가 켜지고 제물이 올려져 있었다. 스승은 슈라바스티 거리에서 탁발(托鉢)하면서 그의 집에 가까이 가셨다.

불을 섬기는 바라문 바라드바자는 스승이 멀리서 오는 것을 보고 스승께 말을 걸면서 스승을 천한 사람이라고 비난했다.

"거기 서라. 가짜 사문아, 거기 서라. 천한 자야, 거기 서라."

이러한 말을 들은 스승께서는 불을 섬기는 바라문 바라드

* 수행자인 비구들이 음식을 담아 먹는 밥그릇이다. 한자 발우(鉢盂)를 우리말로 '바리때'라 한다.

바자에게 말씀하셨다.
"바라문이여, 도대체 당신은 천한 사람을 알고나 있소? 또 천한 사람을 만드는 조건이 무엇인가를 알고 있소?"
그러자 바라드바자는 이내 태도를 바꾸어 스승에게 말했다.
"고타마여, 나는 사람을 천하게 하는 조건조차도 알지 못합니다. 아무쪼록 저에게 천한 사람을 만드는 조건을 알 수 있도록 그 이치를 말씀해 주십시오."
"바라문이여, 그러면 주의해서 잘 들으시오. 내 말하리다."
"네, 어서 말씀해 주십시오" 하고, 불을 섬기는 바라문 바라드바자는 스승께 대답했다. 스승은 말씀하셨다.

"화를 잘 내고 원한을 품으며, 간사하고 악독해서 남의 미덕을 덮어버리고, 그릇된 소견으로 음모하는 사람, 그를 천한 사람으로 아시오.

한 번 태어나는 것이거나 두 번 태어나는 것이거나, 이 세상에 있는 생물을 해치고 동정심이 없는 사람, 그를 천한 사람으로 아시오.

시골과 도시를 파괴하고 포위하여, 독재자로서 널리 알려진 사람, 그를 천한 사람으로 아시오.

마을에 있거나 숲에 있거나 남의 것을 주지도 않는데 훔치려는 생각으로 이를 취하는 사람, 그를 천한 사람으로 아시오.

사실은 빚이 있어 돌려달라고 독촉을 받으면, '당신에게 갚을 빚은 없다'고 발뺌을 하는 사람, 그를 천한 사람으로 아시오.

얼마 안 되는 물건을 탐내어 행인을 살해하고 그 물건을 약탈하는 사람, 그를 천한 사람으로 아시오.

증인으로 불려 나갔을 때 자신이나 남을 위해, 또는 재물을 위해 거짓으로 증언하는 사람, 그를 천한 사람으로 아시오.

때로는 폭력을 가지고, 혹은 서로 사랑하여 친척이나 친구의 아내와 어울리는 사람, 그를 천한 사람으로 아시오.

자기는 재물이 풍족하면서도 늙고 쇠약한 부모를 섬기지 않는 사람, 그를 천한 사람으로 아시오.

부모, 형제자매 혹은 의붓어머니를 때리거나 욕하는 사람, 그를 천한 사람으로 아시오.

상대가 이익 되는 일을 물었을 때, 불리하게 가르쳐주거나 숨긴 일을 말하는 사람, 그를 천한 사람으로 아시오.

나쁜 일을 하면서, 아무도 자기가 한 일을 모르기를 바라며 숨기는 사람, 그를 천한 사람으로 아시오.

남의 집에 갔을 때는 융숭한 대접을 받았으면서, 그쪽에서 손님으로 왔을 때는 예의로써 보답하지 않는 사람, 그를 천한 사람으로 아시오.

바라문이나 사문 또는 걸식(乞食)하는 사람에게 거짓말로 속이는 사람, 그를 천한 사람으로 아시오.

식사 때가 되었는데도 바라문이나 사문에게 욕하며 먹을 것을 주지 않는 사람, 그를 천한 사람으로 아시오.

이 세상에서 어리석음에 덮여 변변찮은 물건을 탐하고 사실이 아닌 일을 말하는 사람, 그를 천한 사람으로 아시오.

자기를 칭찬하고 남을 경멸하며, 스스로의 교만 때문에 비굴해진 사람, 그를 천한 사람으로 아시오.

남을 괴롭히고 욕심이 많으며, 나쁜 욕망이 있어 인색하고, 덕도 없으면서 존경을 받으려 하며, 부끄러움을 모르는 사람, 그를 천한 사람으로 아시오.

깨달은 사람을 비방하고 혹은 출가나 재가의 제자들을 헐뜯는 사람, 그를 천한 사람으로 아시오.

사실은 존경받지 못할 사람이 존경받을 사람이라고 자부하고, 범천(梵天)*을 포함한 세계의 도적에 불과한 사람이야말로 가장 천한 사람이오. 내가 당신에게 말한 이러

* 색계에 있는 초선천(初禪天)으로 욕계의 음욕을 여읜 곳으로 항상 깨끗하고 조용하므로 범천이라 한다.

한 사람들은 참으로 천한 사람인 것이오.

날 때부터 천한 사람이 되는 것은 아니오. 태어나면서 바라문이 되는 것도 아니오. 행위에 의해서 천한 사람도 되고 바라문도 되는 것이오.

나는 실제로 있었던 예를 들겠으니 이것으로 내 말을 알아들으시오. 찬다라족의 아들이며, 개백정인 마탕가라는 사람이 있었소.

그 마탕가는 얻기 어려운 최상의 명예를 얻었소. 많은 왕족과 바라문들이 그를 섬기려고 모여들었소.

그는 신들의 길, 더러운 먼지를 털어버린 대도(大道)에 올라가 탐욕을 버리고 범천의 세계에 가게 되었소.
천한 태생인 그가 범천의 세계에 태어나는 것을 막을 수 없었소.

베다 독송자의 집에 태어나 베다의 글귀에 친숙한 바라문들도, 때로는 나쁜 행위에 빠져 있는 것을 볼 수 있소.

이와 같이 되면, 현세에서 비난을 받고 내세에는 나쁜 곳에 태어나오. 신분이 높은 태생도 그들이 나쁜 곳에 태어나는 것을, 그리고 비난받는 것을 막을 수는 없소.

날 때부터 천한 사람이 되는 것은 아니오. 날 때부터 바라문이 되는 것도 아니오. 그 행위로 말미암아 천한 사람도 되고 바라문도 되는 것이오."

이와 같이 말씀하셨을 때에 불을 섬기는 바라문 바라드바자는 스승께 사뢰었다.
"훌륭한 말씀입니다, 고타마시여. 훌륭한 말씀입니다, 고타마시여. 마치 넘어진 사람을 일으켜주듯이, 덮인 것을 벗겨주듯이, 길 잃은 자에게 길을 가르쳐주듯이, 혹은 '눈이 있는 사람들은 빛을 볼 것이다' 하고 어둔 밤에 등불을 비춰주듯이, 당신 고타마께서는 여러 가지 방편으로 법을 밝히셨습니다. 저는 당신 고타마께 귀의합니다. 그리고 진리와 수행승의 모임에 귀의합니다. 고타마께서는 오늘부터 제 목숨이 다할 때까지 저를 귀의한 재가(在家) 신자로서 받아주십시오."

7. 자비(慈悲)

사물의 이치를 통달하고 편안한 경지에 이른 사람이 해야 할 일은 다음과 같다.

능력을 발휘하고, 정직하고 바르며, 말씨는 상냥하고 부드러우며, 잘난 체하지 말아야 한다.

만족할 줄을 알고, 자신을 잘 길들여, 쓸데없는 일을 줄이고, 생활도 또한 간소하게 하며, 모든 감관이 안정되고 총명하여 마음이 성내지 않으며, 남의 집에 가서도 탐욕을 부리지 않는다.

남으로부터 비난받을 비열한 행동을 결코 해서는 안 된다. 모든 생명체를 다 행복하게 하고, 편안하게 하고, 안락하게 하라.

어떠한 생명체, 비록 그것이 겁에 질려 있거나, 강하고 굳세거나, 그리고 긴 것이건 큰 것이건, 중간치건 짧고 가는 것이건, 또는 조잡하고 거대한 것이건, 눈에 보이는 것이나 보이지 않는 것이나, 멀리 또는 가까이 살고 있는 것이나, 이미 태어난 것이나 앞으로 태어날 것이거나 모든 살아 있는 것은 다 행복하게 하라.

사람을 속여서는 안 된다. 또 어디서나 남을 경멸해서도 안 된다. 남을 골려줄 생각으로 화를 내어 남에게 고통을 주어서도 안 된다.

마치 어머니가 목숨을 걸고 외아들을 아끼듯이, 모든 살아 있는 것에 대해서 한량없는 자비심을 내어야 한다.

또한 온 세계에 대해서 한량없는 자비를 행하라. 위아래로, 또는 옆으로 장애와 원한과 적의가 없는 자비를 행하라.

서 있을 때나 걸을 때나 앉아 있을 때나 누워 있을 때나 잠들지 않는 한, 이 자비심을 굳게 가지라. 이 세상에서는 이러한 것을 두고 '숭고한 경지'라 부른다.

온갖 삿된 소견에 팔리지 않고, 계를 지키고 지견(知見)을 갖추어 모든 욕망에 대한 탐착을 버린 사람은 결코 다시는 모태에 드는 일이 없을 것이다.

9. 최상의 생활

알라바카 야차*는 스승에게 물었다.

"이 세상에서 사람에게 으뜸가는 재산은 무엇입니까? 어떠한 선행(善行)이 안락을 가져옵니까? 참으로 맛 중에서 가장 맛있는 것은 어떤 것입니까? 어떻게 사는 것이 최상의 생활입니까?"

"이 세상에서는 믿음이 사람에게 으뜸가는 재산이다. 덕행이 두터우면 안락을 가져온다. 진실이 맛 중의 맛이며, 지혜롭게 사는 것이 최상의 생활이라 할 수 있다."

"사람은 어떻게 해서 거센 번뇌의 흐름을 건넙니까? 어떻게 해서 생사의 바다를 건넙니까? 어떻게 해서 모든 괴로움을 초월합니까? 그리고 어떻게 해서 완전히 청정해질

* 야차(夜叉)는 불법을 수호하는 귀신의 한 종류다.

수 있습니까?”

“사람은 믿음으로써 번뇌의 거센 흐름을 건너고, 정진으로 생사의 바다를 건넌다. 근면으로써 모든 괴로움을 초월하고, 지혜로써 완전히 청정해진다.”

“사람은 어떻게 해서 지혜를 얻습니까? 어떻게 해서 재물을 얻습니까? 어떻게 해서 명성을 떨칩니까? 어떻게 해서 친교를 맺습니까?
또 어찌하면 이 세상에서 저세상으로 갔을 때 걱정이 없겠습니까?”

“존경을 받을 만한 사람들이 안락을 얻는 이치(理法)를 믿고 정진하고 총명하다면, 가르침을 받으려는 열망에 의해서 지혜를 얻는다.

올바른 일을 하고 참을성 있게 노력하는 자는 재물을 얻는다. 성실을 다하면 명성을 떨치고 무엇인가를 베풂으로써 친교를 맺는다.

믿음을 갖고 가정생활을 하는 사람에게 성실 · 진리 · 견고 · 보시 이 네 가지 덕이 있으면, 그는 내세에 가서도 걱정이 없다.

만일 이 세상에 성실 · 자제 · 보시 · 인내보다 더 나은 것이 있다면, 그것을 널리 사문이나 바라문에게 물어보라."

"무엇 때문에 다시 사문이나 바라문에게 널리 물을 필요가 있겠습니까? 저는 오늘 내세에 이익 되는 일을 깨달았습니다.
아아, 깨달으신 분께서 알라비에 살러 오신 것은, 저를 이롭게 하기 위해서였습니다.
오늘 저는 보시하면 어째서 위대한 과보가 얻어지는가를 알았습니다."

10. 거룩한 사람

이미 돋아난 번뇌의 싹을 잘라버리고, 새로 심지 않고 지금 생긴 번뇌를 기르지 않는다면, 이 홀로 가는 사람을 거룩한 사람이라 부른다. 저 위대한 선인(仙人)은 평안의 경지를 본 것이다.

번뇌가 일어나는 근본을 살피어 그 씨를 헤아려 알고, 그것에 집착하는 마음을 기르지 않는다면, 그는 참으로 생(生)을 소멸해 완성된 경지를 본 거룩한 사람이고, 망상을 버려 미궁에 빠진 자의 무리 속에 끼지 않는다.

모든 집착이 일어나는 곳을 알아 아무것도 바라지 않고, 탐욕을 떠나 욕심이 없는 거룩한 사람은 무엇을 하려고 구하지 않는다. 그는 이미 저 언덕(彼岸)에 도달했기 때문이다.

모든 것을 이기고 온갖 것을 알며, 지극히 총명하고 여러 가지 사물에 더럽지 않으며, 모든 것을 버리고 애착을 끊어 해탈한 사람, 어진 이들은 그를 거룩한 사람으로 안다.

지혜로운 힘이 있고, 계율과 맹세를 잘 지키고, 마음이 잘 집중되어 있고, 선정(禪定)을 즐기며, 생각이 깊고, 집착에서 벗어나 거칠지 않고, 번뇌의 때가 묻지 않은 사람, 어진 이들은 그를 거룩한 사람으로 안다.

홀로 걷고 게으르지 않은 성인, 비난과 칭찬에도 흔들리지 않고 소리에 놀라지 않는 사자처럼, 그물에 걸리지 않은 바람처럼, 진흙물에 더럽히지 않은 연꽃처럼, 남에게 이끌리지 않고 남을 이끄는 사람, 어진 이들은 그를 거룩한 사람으로 안다.

남들이 입에 침이 마르도록 칭찬하거나 욕을 하더라도 수영장에 서 있는 기둥처럼 태연하고, 애욕을 떠나 모든 감관(感官)을 잘 가라앉힌 사람, 어진 이들은 그를 거룩한 사람으로 안다.

베 짜는 북처럼 똑바로 스스로 편안히 서서 모든 악한 행위를 싫어하고, 바른 것과 바르지 않은 것을 잘 알고 있는 사람, 어진 이들은 그를 거룩한 사람으로 안다.

자제하여 악을 행하지 않고, 젊을 때나 중년이 되어서도 성인은 자신을 억제한다. 그는 남을 괴롭히지 않고, 남한테서 괴로움을 받지도 않는다. 어진 이들은 그를 거룩한 사람으로 안다.

남이 주는 것으로 생활하고 새 음식이거나 먹던 음식이거나 또는 남은 찌꺼기를 받더라도, 먹을 것을 준 사람을 칭찬하지도 않고 화를 내어 욕을 하지도 않는다면, 어진 이들은 그를 거룩한 사람으로 안다.

성의 접촉을 끊고, 어떠한 젊은 여자에게도 마음을 빼앗기지 않으며, 교만하지도 태만하지도 않은, 그래서 속박에서 벗어난 사람, 어진 이들은 그를 거룩한 사람으로 안다.

세상을 잘 알고, 최고의 진리를 보고, 거센 흐름과 바다를 건넌 사람, 속박을 끊고 의존하지 않으며, 번뇌의 때가 묻지 않은 사람, 어진 이들은 그를 거룩한 사람으로 안다.

출가한 이와 집에 있는 이는 주소와 생활양식이 같지 않다. 집에 있는 이는 처자를 부양하지만, 계를 잘 지키는 이

(출가자)는 무엇을 보아도 내 것이라는 집착이 없다. 집에 있는 이는 남의 목숨을 해치고 절제하기 어렵지만, 거룩한 사람은 자제하고 항상 남의 목숨을 보호한다.

마치, 하늘을 나는 목이 푸른 공작새가 아무리 애를 써도 백조를 따를 수 없는 것처럼, 집에 있는 이는 세속을 떠나 숲 속에서 명상하는 성인이나 수행자에게 미치지 못한다.

제2장 소품(小品)

1. 행복하여라

이 세상과 내세의 그 어떤 부(富)라 할지라도, 천상의 뛰어난 보배라 할지라도, 우리들의 여래(如來)에게 견줄 만한 것은 없다.
이 훌륭한 보배는 눈 뜬 사람(부처님)에게 있다. 이 진리에 의해 행복하여라.

마음의 통일을 얻은 스승이 도달한 번뇌가 소멸되고, 욕망을 여의며, 죽지 않고 뛰어난 경지, 이와 같은 것은 아무것도 없다. 이 훌륭한 보배는 진리 속에 있다. 이 진리에 의해서 행복하여라.

가장 뛰어난 부처가 찬탄해 마지않는 청정한 마음의 안정을, 사람들은 '빈틈없는 마음의 안정'이라고 한다. 이 마음의 안정과 비교될 수 있는 것은 아무것도 없다. 이 뛰어난 보배는 그 이치 속에 있다. 이 진리에 의해서 행복하여라.

굳은 결심으로 부지런히 일하고, 고타마의 가르침에 따라 욕심이 없으며, 죽음이 없는 데에 들어가고, 도달해야 할 경지에 이르며, 마음의 평안을 얻어 즐거움을 누리고 있다. 이 뛰어난 보배는 수행의 모임 안에 있다. 이 진리에 의해서 행복하여라.

마치 성문 밖에 선 기둥이 땅속에 박혀 있으면, 사방에서 불어오는 바람에도 흔들리지 않는 것처럼, 모든 성스러운 진리를 관찰하는 착한 사람은 이와 같은 것이라고 나는 말한다. 이 뛰어난 보배는 수행의 모임 안에 있다. 이 진리에 의해서 행복하여라.

깊은 지혜를 가진 사람(부처님)이 말씀하신 모든 거룩한 진리를 똑똑히 아는 사람들은, 아무리 커다란 잘못에 빠지는 일이 있다 할지라도, 여덟 번째 생존을 받지는 않는다. 이 뛰어난 보배는 수행의 모임 안에 있다. 이 진리에 의해서 행복하여라.

초여름 더위가 숲 속의 가지에 꽃을 피우듯이, 견줄 수 없는 평안에 이르는 묘법(妙法)을 눈 뜬 사람이 가르치셨다. 이익이 되는 최상의 일들을 위해서. 이 뛰어난 보배는 눈 뜬 사람 안에 있다. 이 진리에 의해서 행복하여라.

뛰어난 것을 알고, 뛰어난 것을 주고, 뛰어난 것을 가져오는 위없는 이가 으뜸가는 법을 설했다. 이 뛰어난 보배는 눈 뜬 사람 안에 있다. 이 진리에 의해서 행복하여라.

묵은 업은 이미 다했고, 새로운 것은 생기지 않는다. 그 마음은 미래의 생존에 집착하지 않고, 종자를 없애고 그 성장을 원치 않는 어진 이들은 등불처럼 멸한다. 이 뛰어난 보배는 수행의 모임 안에 있다. 이 진리에 의해 행복하여라.

2. 비린 것

산 것을 죽이는 일, 때리고 자르고 묶는 일, 훔치고 거짓말하는 일, 사기와 속이는 일, 그릇된 것을 배우는 일, 남의 아내와 가까이하는 일, 이것이 바로 비린 것이지 육식(肉食)은 그렇지 않다.

이 세상에서 욕망을 억제하지 않고, 맛있는 것을 탐내고, 부정한 생활에 어울리며, 허무론(虛無論)을 가지고 바르지 못한 행을 하는 완고하고 어리석은 사람들, 이것이 비린 것이지 육식은 그렇지 않다.

난폭하고 잔혹하며, 험담을 하고 친구를 배신하고 무자비하며, 몹시 오만하고 인색해서 아무것도 남에게 주지 않는 사람들, 이것이 비린 것이지 육식은 그렇지 않다.

성내고 교만하고 고집스럽고, 반항심 · 속임수 · 질투 · 허풍 · 극단적인 오만 · 불량배와 섞이는 일, 이것이 비린 것이지 육식은 그렇지 않다.

악질이라 빚을 갚지 않고, 밀고를 하고, 재판정에서는 위증을 하며, 정의를 가장하고 사악(邪惡)을 범하는, 이 세상에서 가장 몹쓸 사람들, 이것이 비린 것이지 육식은 그렇지 않다.

이 세상에서 마음대로 살생을 하고, 남의 것을 빼앗으면서 도리어 그들을 해치려 하고, 성미가 나빠 욕심 많고 난폭하며 무례한 사람들, 이것이 비린 것이지 육식은 그렇지 않다.

이것들(생물)에 대해 탐내고 배반하고 부당한 행동을 하고, 항상 나쁜 짓을 하려고 애쓰고, 죽어서는 암흑에 이르며, 머리를 거꾸로 처박고 지옥(地獄)에 떨어지는 사람들, 이것이 비린 것이지 육식은 그렇지 않다.

3. 친구

부끄러워할 것을 잊어버리고 또 싫어해서 '나는 당신의 친구다'라고 말하면서도 할 수 있는 일을 맡아서 도와주지 않는 사람, 그는 내 친구가 아님을 알아야 한다.

모든 친구들에게 실천이 없이 말만 앞세우는 사람은 '말만 하고 실천하지 않는 사람'임을 어진 이는 알고 있다.

항상 우정이 끊어질까 염려하여 아첨하면서도, 벗의 결점만을 보는 사람은 친구가 아니다.
아기가 엄마의 품에 안기듯이 그 사람을 의지하고, 다른 사람 때문에 그 사이가 멀어지지 않는 사람이야말로 친구다.

일의 결과를 바라는 사람은 인간으로서 적당한 짐을 지고, 기쁨을 낳고 칭찬을 받으며, 안락을 가져올 원인을 닦는다.

멀어지고 떨어지는 맛과 평안해지는 맛을 알고 법의 기쁨을 마시는 사람은, 고뇌를 떠나고 악을 멀리한다.

4. 최상의 행복

어느 날 거룩한 스승은 슈라바스티의 제타 숲, 고독한 사람들에게 먹을 것을 나눠주는 장자의 동산에 계셨다. 그때 용모가 단정한 한 신이 밤중이 지나 제타 숲을 두루 비추면서 스승께로 왔다. 그리고 예배한 후 한쪽에 서서 시로써 여쭈었다.

"많은 신과 사람들은 행복을 바라면서 행운을 생각하고 있습니다. 으뜸가는 행복을 말씀해 주십시오."

이에 스승은 답했다.

"어리석은 사람들을 가까이하지 말고 어진 이와 가깝게 지내며, 존경할 만한 사람들을 존경할 것, 이것이 최상의 행복이다.

자기에게 알맞은 곳에 살고, 일찍이 공덕을 쌓았고, 스스로는 바른 서원을 하고 있는 것, 이것이 최상의 행복이다.

박학과 기술과 훈련을 쌓고, 그 위에 언변이 능숙한 것, 이것이 최상의 행복이다.

부모를 섬기는 것, 처자를 사랑하고 보호하는 것, 일에 질서가 있어 혼란하지 않는 것, 이것이 최상의 행복이다.

보시와 이치에 맞는 행위와 친척을 사랑하고 보호하는 것과 비난을 받지 않는 행위, 이것이 최상의 행복이다.

악을 싫어해 멀리하고, 술을 절제하고, 덕행을 소홀히 하지 않는 것, 이것이 최상의 행복이다.

존경과 겸손과 만족과 감사와, 때로는 가르침을 듣는 것, 이것이 최상의 행복이다.

인내하는 것, 온순한 것, 수행자들을 만나는 것, 때로는 이치에 대한 논의를 하는 것, 이것이 최상의 행복이다.

수양과 깨끗한 행위와 거룩한 진리를 보는 것, 안정을 입증하는 것, 이것이 최상의 행복이다.

세상일에 부딪쳐도 마음이 흔들리지 않고, 걱정과 티가 없이 안온한 것, 이것이 최상의 행복이다.

이러한 일을 한다면 어떤 일이 닥쳐도 패하지 않는다. 어느 곳에서나 행복할 수 있다. 이것이 그들에게는 최상의 행복이다."

5. 그릇된 출가 생활

이치에 맞는 행동, 깨끗한 행동, 이것을 더없는 보배라고 한다. 가령 집을 떠나 출가(出家)의 몸이 되었을지라도, 만약 거친 말씨를 쓰고 남을 괴롭히기 좋아하며 짐승 같다면, 그 사람의 생활은 더욱더 악해지고 더러워질 것이다.
논쟁을 즐기고 우매한 성미로 덮여 있는 수행자는, 눈 뜬 사람의 설법을 알아듣지 못한다. 그는 무명(無明)에 이끌려 수양을 쌓은 사람들을 괴롭히고, 번뇌가 지옥으로 가는 길임을 알지 못한다.
참으로 이러한 수행자는 고난의 장소에 태어나고, 모태에서 다른 모태로, 암흑에서 암흑으로 전생(轉生)하며, 죽은 후에도 고통을 받게 된다. 마치 똥구덩이가 세월이 지나면 똥으로 가득 차듯이, 부정한 사람은 참으로 깨끗이 하기 어렵다.
수행자들이여, 이와 같은 출가수행자들은, 사실은 집에 기대고 있는 사람이고, 삿된 욕망에 사로잡혀 있으며, 그릇된 생각과 행동을 하고, 나쁜 곳에 있는 사람인 줄 알아라. 그대들은 화합해서 그런 사람을 물리치라. 쌀겨처럼 그를 키질하여 쓰레기처럼 날려버려라. 그리고 사실은 사문이 아니면서 사문인 체하는 '쌀겨'들도 불어버려라.

삿된 욕망에 사로잡혀 있고, 그릇된 행동을 하며 나쁜 곳에 있는 그들을 불어버려라. 스스로 깨끗한 이가 되고, 서로 동정심을 가지고 청정한 사람들과 함께 살도록 하라. 그곳에서 서로 사이좋게 총명하게, 그리고 고뇌를 없애도록 하라.

6. 배(舟)를 저을 줄 아는 사람

누가 만일 남한테서 배워 진리를 알게 되었다면, 그 사람 섬기기를 마치 신들이 인드라 신(帝釋天)* 섬기듯 해야 한다. 학식이 풍부한 사람은 존경을 받으면 그 사람에 대해서 진심으로 기뻐하며 진리를 보인다.

어진 이는 이것을 듣고 이해해서, 진리에 따라 가르침을 실천하고, 진리를 아는 사람을 가까이하여 게으르지 않는다면 지식이 있는 사람, 분별할 줄 아는 사람, 총명한 사람이 된다.

아직도 사물을 이해 못하고 질투심이 있는 소인이나 어리석은 이를 가까이 섬긴다면, 이 사람은 진리를 알지 못하고 의심을 버리지 못한 채 죽음에 이른다.

* 욕계의 제2천인 도리천의 왕을 제석천이라 하고 범어로 인드라(Indra)라 한다.

마치 사람이 물이 많고 물결이 센 강에 빠지면, 그 물결에 휩쓸려 떠내려가는 것과 같다. 그런 사람이 어찌 남을 건넬 수 있겠는가.

그와 마찬가지로, 진리도 모르면서 학식 많은 사람에게서 의(義)를 듣지 않으면, 스스로도 모르고 의심도 풀 수 없다.
그가 어찌 남의 마음을 감동시킬 수 있겠는가.

튼튼한 배를 타고 배에 노와 키가 있어, 노를 저을 줄을 아는 사람은 다른 많은 사람들을 태워서 건넬 수 있다.

그러므로 정말 지식이 있고 학식이 많은 성실한 사람과 가까이하라. 사물의 이치를 알고 실천하면서 진리를 깨달은 사람은 안락을 얻으리라.

7. 진리에 도달하기 위하여

어떠한 도덕이 있고, 어떠한 행동을 하며, 어떠한 행위를 부지런히 해야만, 바르게 서고 또 으뜸가는 진리에 도달할 수 있을 것인가?

손위의 사람을 공경하고 시기하지 말며, 스승을 만나 법에 대한 이야기를 들을 기회를 얻어서 설법을 지성으로 들어라.

고집을 버리고 겸허한 태도로 때를 맞추어 스승을 찾아가라. 사물과 진리와 자제(自制)와 청정한 행동을 마음에 두고 이를 설명하라.

진리를 즐기고 진리를 기뻐하며, 진리에 머무르고 진리의 길을 알며, 진리를 비방하는 말을 입에 담지 말라. 훌륭하게 설해진 진리에 따라 생활하라.

훌륭한 설법은 들어서 이해하면 알맹이(精)가 된다. 듣고 안 것은 정신의 안정을 닦으면 알맹이가 된다. 사람이 성급하거나 게으르면 지혜도 학식도 늘지 않는다.

성인이 말씀하신 진리를 기뻐하는 사람들은 말과 생각과 행동이 가장 뛰어나다.
그들은 평안과 유화와 명상 속에 머무르면서 학식과 지혜의 진수(眞髓)에 이른 것이다.

8. 정진(精進)

일어나라. 앉아라. 잠을 자서 너희들에게 무슨 이익이 있겠는가.
화살에 맞아 고통받는 이에게 잠이 웬 말인가.

일어나라. 앉아라. 평안을 얻기 위해 일념으로 배우라. 그대들이 게을러서 그 힘에 굴복한 것을 '죽음의 왕'*이 알고, 그대들을 붙잡지 못하도록 하라.

신과 인간은 애착에 얽매어 무엇인가를 갖고자 한다.
이 집착에서 벗어나라.
짧은 세월을 헛되이 보내지 말라.
짧은 세월을 헛되이 보낸 자는 지옥에 떨어져 슬퍼하기 때문이다.

* 사람의 목숨을 빼앗는 악마. 동양에서 말하는 염라대왕과 같은 것이다.

게으름은 더러운 때와 같은 것, 때는 게으름 때문에 생긴다.
애써 닦음으로써, 또한 밝은 지혜로써 자기에게 박힌 화살을 뽑으라.

9. 라훌라에게

스승께서 말씀하셨다.
"라훌라야, 늘 함께 살고 있기 때문에 너는 어진 이(賢者)를 가볍게 보고 있는 것은 아니냐? 모든 사람을 위해 횃불을 비춰주는 사람을 너는 존경하고 있느냐?"

라훌라는 대답했다.
"늘 함께 살고 있다고 해서 어진 이를 가볍게 보는 일은 없습니다.
모든 사람을 위해 횃불을 비춰주는 사람을 항상 존경합니다."

"오욕(五欲)*의 대상을 버리고, 믿음으로 집을 떠나 괴로움 없애는 사람이 되라.

* 세속의 다섯 가지 욕망, 즉 재물(財物), 여색(女色), 음식(飮食), 명예(名譽), 수면(睡眠).

선한 친구와 사귀어라. 인가(人家)를 떠나 깊숙하고 고요한 곳에서 거처하여라. 그리고 음식을 조절할 줄 아는 사람이 되어라.

옷과 얻은 음식과 병자를 위한 물건과 거처, 이런 것에 대해서 욕심을 부려서는 안 된다.
다시는 세속에 돌아가지 말라.

계율을 지키고 다섯 감관(五官)을 지켜 네 육신을 살펴라.
참으로 세상을 지겹게 생각하라.

애욕 때문에 깨끗이 보이는 겉모양을 떠나 생각해라.
육신은 부정한 것이라고 마음에 새겨두고, 마음을 하나로 집중시켜라.

마음에 흔적, 곧 관념적인 고집(相)을 두지 말라. 마음에 도사린 오만을 버려라. 오만을 없앤 너는 마음 편안한 나날을 보내리라."

참으로 거룩한 스승은 라훌라 존자에게 이와 같은 시로

써 되풀이해 가르치셨다.

10. 세상을 바르게 편력하는 법

“지혜가 많고, 강을 건너 저 언덕(彼岸)에 이르러 완전한 열반을 얻고, 마음이 안락한 성인께 여쭙니다. 출가하여 여러 가지 욕망을 없앤 수행자는, 어떻게 해야 이 세상을 바르게 편력할 수 있습니까?”

스승은 말씀하셨다.
“길조의 점, 천지 이변의 점, 해몽, 관상 보는 일 따위를 완전히 버리고, 길흉의 판단을 버린 수행자는, 세상에서 바르게 편력할 것이다.

수행자가 생존을 초월하고 진리를 깨달아, 인간계와 천상의 모든 향락에 대한 탐욕을 버린다면, 그는 세상에서 바르게 편력할 것이다.

수행자가 이렇게 말했다가 말을 바꾸어 저렇게 말하는 두 가지로 하는 말을 버리고, 분노와 인색을 버리고 마음에 맞고 거슬린다는 순역(順逆)의 생각을 떠난다면, 그는 세상에서 바르게 편력할 것이다.

좋아하는 것이나 좋아하지 않는 것이나 다 버리고, 아무것에도 집착하거나 매이지 않고 온갖 속박에서 벗어난다면, 그는 세상에서 바르게 편력할 것이다.

그가 생존을 이루고 있는 요소 가운데서 견고한 실체를 보지 못하고,
모든 집착에 대한 탐욕을 삼가며, 얽매임이 없이 아무것에도 이끌리지 않는다면,
그는 세상에서 바르게 편력할 것이다.

말과 생각과 행동으로 거역하지 않고, 바르게 법을 알아 열반의 경지를 구한다면, 그는 세상에서 바르게 편력할 것이다.

수행자가 거만하지 않고 겸손하며, 욕을 먹더라도 마음에 두지 않으며, 남에게서 음식을 얻었다고 해서 교만해지지 않으면, 그는 세상을 바르게 편력할 것이다.

수행자가 탐욕과 생존의 희망을 버리고, 다른 생물을 자르

거나 묶지 않고, 의혹을 넘어서 번뇌의 화살을 뽑아버린다면, 그는 세상에서 바르게 편력할 것이다.

수행자가 자기 분수에 알맞은 것을 알고, 세상에서 아무것도 해치지 않고 사실 그대로의 이치를 안다면, 그는 세상에서 바르게 편력할 것이다.

그에게 있어서 어떤 잠재적인 집념도 없이 악한 뿌리가 뿌리째 뽑히고, 바라는 것도 구하는 것도 없다면, 그는 바르게 세상을 편력할 것이다.

번뇌의 때는 이미 가시고, 거만한 생각을 쉬고 모든 탐욕의 길을 넘어 스스로 억제하고 평안에 이르러 마음에 안정이 온다면, 그는 바르게 세상을 편력할 것이다.

신심이 있고 학식이 있는 어진 이가 최후의 진리에 이르는 확실한 길을 보고, 여러 당파 사이에 있으면서도 당파에 맹종하지 않으며, 탐욕과 혐오와 분노를 삼간다면, 그는 바르게 세상을 편력할 것이다.

청정한 행으로써 번뇌를 이긴 승리자이며, 덮여 있는 것을 벗겨 모든 사물을 지배하고, 피안에 이르러 흔들리지 않고, 생존을 구성하는 모든 요소를 잘 인식한다면, 그는 바르게 세상을 편력할 것이다.

과거와 미래에 대해서 쓸데없는 생각을 하지 않고, 지극히 깨끗한 지혜가 있어 모든 변화하는 현상의 영역에서 벗어나 있으면, 그는 바르게 세상을 편력할 것이다."

"거룩하신 스승이시여, 참으로 그렇습니다. 참으로 그렇습니다. 그와 같이 생활하고 스스로 자제하는 수행자는 온갖 속박에서 벗어난 것입니다.
그는 바르게 세상을 편력할 것입니다."

제3장 대품(大品)

1. 출가(出家)

눈을 뜬 사람(부처님)은 어째서 출가를 했는지, 그는 무엇을 생각한 끝에 출가를 기뻐했는지, 그의 출가에 대해서 나는 말하리라.

'세속 집에서 사는 생활은 비좁고 번거로우며, 먼지가 쌓이는 곳이다. 그러나 출가는 넓은 들판과 같으며 번거로움이 없다'고 생각해 출가했다.

출가한 다음에는 몸으로 짓는 나쁜 행위를 멈추었다. 말로서 짓는 악행(惡行)도 버리고, 아주 깨끗한 생활을 했다.

눈 뜬 사람은 마가다국의 수도, 산으로 둘러싸인 왕사성(王舍城)으로 갔다. 뛰어난 모습을 가진 그는 탁발하기 위해 그곳으로 간 것이다.

마가다 왕 빔비사라는, 높은 다락 위에서 그를 보았다.

뛰어난 모습을 가진 그를 보고 신하들에게 말했다.

"그대들은 저 사람을 보아라. 아름답고 건장하고 깨끗할 뿐 아니라, 행동도 얌전하게 앞만을 본다.

그는 눈을 아래로 뜨고 정신을 차리고 있다. 저 사람은 천한 집 출신이 아닌 것 같다. 사신들이여, 뛰어가 그를 따르라. 저 수행자는 어디로 가는가."

왕의 사신들은 그의 뒤를 따라갔다.
'저 수행자는 어디로 가는 것일까? 그는 어디에 사는 것일까?' 하면서.

그는 모든 감관을 억제하여 잘 지키고 바르게 깨닫고 조심하면서 집집마다 음식을 빌어 잠깐 동안에 바리때를 채웠다.

거룩한 분은 탁발을 끝내고 그 도시 밖으로 나와 판다바 산으로 향했다.
아마 그는 그곳에 살고 있는 모양이다.

고타마가 자기의 처소에 가까이 이른 것을 보자 사신들은 그에게로 가까이 갔다. 그리고 한 신하는 왕궁으로 돌아가 왕에게 아뢰었다.

"대왕이시여, 그 수행자는 판다바 산 앞쪽에 있는 굴속에 호랑이나 황소처럼, 그리고 사자처럼 앉아 있습니다."

사신의 말을 듣자 빔비사라 왕은 화려한 수레를 타고 판다바 산으로 길을 재촉했다.

왕은 수레로 갈 수 있는 곳까지 달려간 뒤 수레에서 내려 걸어 올라가 그 곁에 앉았다.

왕은 기뻐하면서 인사를 나눈 후 이렇게 말했다.

"당신은 젊음이 넘치는 인생의 봄입니다. 용모도 수려하고 귀한 왕족 태생인 것 같습니다.
코끼리 떼를 앞세운 날쌘 군대를 정비해서 나는 당신께 선물로 드리겠으니 그것을 받으십시오. 나는 당신의 태생을 알고 싶으니 말해주십시오."

"왕이여, 저쪽 히말라야 중턱에 한 민족이 있습니다. 예부터 코살라국의 주민으로 부(富)와 용기를 갖추고 있습니다.

성은 '태양의 후예'라 하고, 종족은 '석가족'이라 합니다. 왕이여, 나는 그런 집에서 출가했습니다. 욕망을 채우기 위해서가 아닙니다.

모든 욕망에는 우환이 있고, 출가는 안온하다고 알아 힘써 정진합니다.
내 마음은 이것을 즐기고 있습니다."

2. 훌륭한 말

어느 날 거룩한 스승 부처님께서는 슈라바스티의 제타 숲, 고독한 사람들에게 먹을 것을 나눠주는 장자의 동산에 계셨다. 그때 스승은 여러 사문들을 불렀다.

"사문들이여."

"거룩하신 스승이시여" 하고, 사문들은 스승께 대답했다.

스승께서는 말씀하셨다.

"사문들이여, 네 가지 특징을 갖춘 말씀은 훌륭하게 설해져 조금도 잘못되지 않았다. 모든 지자(智者)들이 보아도 결점이 없어 비난받지 않을 것이다.

그 네 가지란 무엇인가.

사문들이여, 여기서 사문이 훌륭하게 설한 것만을 말하고, 잘못 설해진 것을 말하지 않으며, 법만을 말하고 비법을 말하지 않으며, 좋은 것만 말하고 좋지 않은 것은 말하지 않으며, 진실만을 말하고 거짓된 것을 말하지 않는다고 하자. 사문들이여, 이 네 가지 특징이 갖추어져 있는 말은 훌륭하게 설해진 말이고 잘못 설해진 것이 아니다. 모든 지자들이 보아도 결점이 없어 비난받지 않을 것이다."

이같이 말씀하신 후, 행복한 사람인 스승께서는 또 다음과 같이 말씀하셨다.

“착한 사람들은 가장 좋은 말씀을 한다. 이것이 첫째다. 법을 말하고 비법을 말하지 말라. 이것이 둘째다. 좋은 말을 하고 좋지 않은 말을 하지 말라. 이것이 셋째다. 진실을 말하고 거짓을 말하지 말라. 이것이 넷째다.”

이때 방기사 장로는 자리에서 일어나, 옷을 한쪽 어깨에 걸치고 스승이 계신 곳을 향해 합장하고 말했다.
“문득 생각나는 일이 있습니다. 행복한 분이시여.”
“어디 말해보라. 방기사여”라고, 스승은 말씀하셨다. 방기사 장로는 스승 앞에서 알맞은 시로써 스승을 찬탄했다.

“‘자기를 괴롭히지 않고 남을 해치지 않는 말만을 하여라.’ 이것이야말로 참으로 잘 설해진 말씀입니다.

‘좋은 말만을 하여라.’ 이것은 기꺼이 환영받을 말입니다. 느낌이 나쁜 말을 쓰지 말고 남의 맘에 드는 말만을 하는 것입니다.

진실한 말씀은 영원히 살아 있는 말입니다.
이것은 영원한 법칙입니다.
착한 사람들은 언제나 진실에 안주하고 있습니다.

평안에 이르기 위해서, 고통을 끝내기 위해서, 부처님이 설하신 말씀은 여러 말 가운데서 가장 뛰어난 것입니다."

출생을 묻지 말고 행위를 물으시오. 불은 온갖 섶에서 일어나는 것, 천한 집에 태어난 사람이라도, 성인으로서 도심(道心)이 굳고, 부끄러워하고 뉘우치는 마음으로 행동을 삼가면 고귀한 사람이 되는 것이오.

5. 번뇌의 화살

"이 세상에서 사람의 명은 정해져 있지 않아 얼마를 살지 모른다. 애처롭고 짧아 고뇌로 엉켜 있는 것이다.

태어난 것은 죽음을 피할 길이 없다. 늙으면 죽음이 온다. 실로 생이 있는 자의 운명은 이런 것이다.

익은 과일은 빨리 떨어질 위험이 있다. 그와 같이 태어난 자는 죽지 않으면 안 된다. 그들에게는 항상 죽음의 두려움이 있다.

이를테면, 옹기장이가 만든 질그릇이 마침내는 모두 깨어지고 말듯이 사람의 목숨도 또한 그렇다.

젊은이도 장년도 어리석은 이도 지혜로운 이도 모두 죽음에는 굴복해 버린다.
모든 사람은 반드시 죽는다.

그들은 죽음에 붙잡혀 저세상으로 가지만, 아비도 그 자식을 구하지 못하고 친척도 그 친척을 구하지 못한다.

보라, 친척들이 애타는 마음으로 지켜보지만, 사람은 하나씩 도살장으로 끌려가는 소처럼 사라져간다.

이렇듯 세상 사람들은 죽음과 늙음으로 인해서 해를 입는다. 그러나 슬기로운 이는 세상의 참모습(實相)을 알고 슬퍼하지 않는다.

그대는 온 사람의 길을 모르고, 또 간 사람의 길을 모른다. 그대는 생과 사의 양극을 보지 않고 부질없이 슬피 운다.

또한 자신이 지은 업으로 인해 죽어가는 사람들을 보라. 살아 있는 자는 죽음에 붙잡혀 떨고 있지 않은가.

사람들이 여러 가지를 염원할지라도 결과는 다르게 나타난다. 기대에 어긋나는 것도 이와 같다. 보라, 세상의 저 모습을!

가령 사람이 백 년을 살거나 그 이상을 산다 할지라도 마침내는 친족들을 떠나 이 세상의 생명을 버리게 된다.

이를테면, 집에 불이 난 것을 물로 꺼버리듯, 지혜롭고 총명한 사람들은 걱정이 생겼을 때는 이내 지워버린다. 마치 바람이 솜을 날려버리는 것과 같이.

자신의 즐거움을 구하는 사람은 슬픔과 욕심과 걱정을 버려라. 자기 번뇌의 화살을 뽑으라.

번뇌의 화살을 뽑아버리고 거리낌 없이 마음의 평안을 얻는다면 모든 걱정을 초월하고, 근심 없는 자, 평안에 돌아간 자가 될 것이다."

행복한 사람인 스승께서는 이와 같이 말씀하신 뒤, 다시 말씀을 이으셨다.

"사람이 태어날 때에는 그 입안에 도끼를 가지고 나온다. 어리석은 자는 욕설을 함으로써, 그 도끼로 자신을 찍고 마는 것이다.

비난받을 사람을 칭찬하고, 또 칭찬해야 할 사람을 비난하는 사람, 그는 입으로 죄를 더하고 그 죄 때문에 즐거움을 누리지 못한다.

도박으로 재산을 잃는 자는 설사 자신까지를 포함해 모든 것을 잃는다 하더라도 그 불행은 오히려 적은 것이다. 그러나 완전한 경지에 이른 사람에게 악의를 품는 사람의 죄는 아주 무거운 것이다."

6. 바라문*

인간 가운데 여러 가지 기능으로만 살아가는 사람이 있다면, 그는 기능인이지 바라문이 아님을 알아라.

인간 가운데 사고파는 것으로만 사는 사람이 있다면, 이는 장사치이지 바라문이 아님을 알아라.

모든 속박을 끊고 겁내지 않으며, 집착을 초월해 붙잡혀 있지 않은 사람, 나는 그를 바라문이라 부른다.

연꽃잎의 이슬처럼, 송곳 끝의 겨자처럼, 온갖 욕정에 더럽혀지지 않은 사람, 나는 그를 바라문이라 부른다.

지혜가 깊고 총명하며 온갖 것에 통달해 최고의 목적에 도

* 원래 인도 사성 계급의 상위 신분을 가리키는 말이나 여기서는 청정한 수행자를 가리키는 말로 쓰였다.

달해 있는 사람, 나는 그를 바라문이라고 부른다.

7. 지옥

악담 또는 악의를 가지고 성인을 비방하는 사람은, 지옥에 떨어진다.

거짓말을 하는 자는 지옥에 떨어진다. 또 했으면서 안 했다고 하는 자도 마찬가지다. 둘 다 똑같이 행동이 비열한 사람들이라, 죽은 후에는 같은 지옥에 떨어진다.

남을 해칠 마음 없이 깨끗하고 더럽히지 않은 사람을 미워하는 자에게는 반드시 그러한 악이 돌아온다. 바람을 거슬러서 먼지를 날리는 것처럼.

여러 가지 탐욕의 대상에 빠져, 신앙심도 없고 인색하며, 불친절하고 이기적이며 이간질을 하는 사람은 말로써 남을 때린다.

입이 더럽고 부실하며 천한 자여, 산 것을 죽이고 사특하여 악한 행위를 하는 자여, 야비하고 불량하며 덜된 자여, 이 세상에서 말을 너무 말아라. 그대는 지옥에 떨어지리라.

그대는 먼지를 뿌려서 해(害)를 끌어들이고, 착한 사람들을 비난하여 죄를 지으며, 온갖 나쁜 일을 하여 오랫동안 깊은 구렁에 빠진다.

그 어떤 업(業)도 소멸하지 않는다. 그것은 반드시 되돌아와 업을 지은 자가 그것을 받는다. 어리석은 자는 죄를 짓고 내세에서 그 괴로운 과보를 받는다.

지옥에 떨어진 자는 쇠꼬챙이로 꿰이고, 날카로운 칼이 달린 철창에 찔린다.
또한 불에 달은 쇳덩이를 전에 지은 업에 알맞은 음식으로써 먹어야 한다.

지옥의 옥졸들은 '잡아라!', '때려라!' 할 뿐 부드러운 말을 걸어주지 않으며, 상냥한 얼굴로 대해주지 않고, 의지가 되어주지 않는다.
지옥에 떨어진 자는 깔려진 숯불 위에 앉아 불붙는 화염 속에 들어간다.

또한 그곳에서 지옥의 옥졸들은 지옥에 떨어진 사람들을 철망으로 몰아넣어 쇠망치로 내려친다.
그리고는 새까만 암흑 속에 두는데, 그 어둠은 안개처럼 끝없이 펴져 있다.

또 다음에는 화염이 타오르는 구리로 된 솥에 들어간다. 오랫동안 그 끓는 가마솥 안에서 익혀지면서 떴다 가라앉았다 한다.

고름과 피로 가득 찬 솥이 있어, 죄를 범한 자는 그 속에서 끓게 된다. 그는 그곳에서 어느 쪽으로 가든지 피고름 때문에 더럽혀진다.

구더기가 사는 물솥이 있어, 죄를 범한 자는 그 안에서 익어간다. 나오려 해도 붙잡을 것이 없다. 그 솥은 안으로 굽고 둘레가 모두 한결같기 때문이다.

날카로운 칼날로 된 숲이 있어, 지옥에 떨어진 사람이 그 속에 들어가면 팔다리가 잘린다. 옥졸들은 꼬챙이로 혀를 꿰어 잡아당기면서 괴롭힌다.

또 지옥에 떨어진 자는 예리한 면도칼이 있는 베다라니 강에 이른다. 어리석은 무리들은 나쁜 일을 하고 죄를 범함으로써 그곳에 떨어진다.

그곳에는 검은 개, 점박이 개, 검은 까마귀 떼와 여우들이 있어, 울부짖는 사람들을 뜯어 먹는다. 또 독수리와 까치들이 살을 쪼아 먹는다.

죄를 범한 자가 받는 지옥의 고통은 실로 비참하기 이를 데 없다.
그러므로 사람들은 이 세상에서 명이 남아 있는 동안 해야 할 일을 잘해야 하고 소홀히 하지 말아야 한다.

여기 말한 지옥의 고통이 아무리 오래 계속된다 할지라도 그동안은 지옥에 머물러야 한다. 그러기 때문에 인간은 청정하고 어질고 착한 미덕을 위해 항상 말과 마음을 지켜야 한다.

바닥이 얕은 개울물은 소리 내어 흐르지만, 큰 강물은 소리 없이 흐르는 법이다.

모자라는 것은 소리를 내지만, 가득 찬 것은 아주 조용하다. 어리석은 자는 반쯤 물을 채운 항아리 같고, 지혜로운 이는 물이 가득 찬 연못과 같다.

8. 두 가지 관찰

어느 날 부처님께서는 사바티의 동원(東園)에 있는 미가라 장자 어머니의 누각(鹿子母講堂) 안에 계셨다. 그때 거룩하신 스승은 정기적인 집회(布薩) 날인 달 밝은 보름밤에 수행승(비구)의 무리에 둘러싸여 집 밖에 계셨다. 거룩하신 스승께서는 묵묵히 앉아 있는 수행승들을 돌아보시고 그들에게 말씀하셨다.

"여러 수행승들이여, 착하고 거룩하게 집을 나와 깨달음에 이르는 여러 가지 진리가 있다. 수행승들이여, 그대들이 착하고 거룩하게 집을 나와 깨닫게 하는 여러 가지 진리를 듣는 것은 무슨 까닭인가 하고 누가 그대들에게 묻거든, 그들에게 이렇게 말해라. '두 가지 진리를 있는 그대로 알기 위해서'라고. 그렇다면 그대들이 말하는 두 가지란 무엇이냐고 한다면, '이것은 괴로움이다. 이것은 괴로움의 원인이다' 하는 것이 하나의 관찰이고, '이것은 괴로움의 그침이다. 이것은 괴로움을 그치게 하는 길이다' 하는 것이 둘째 관찰이다. 수행승들이여, 이렇게 두 가지를 바르게 관찰하여 게으르지 않고 정진하는 수행승에게는 두 가지 과보 중에서 어느 하나를 기대할 수 있다. 즉, 현세에서 지혜를 증득(證得)하든가, 혹은 번뇌가 남아 있는, 이 헤매는 생존에 다시 돌아오지 않는 일이다."
거룩한 스승은 이렇게 말씀하셨다. 그리고 행복한 스승께서는 또 다음과 같이 말씀하셨다.

"괴로움을 모르고, 또 괴로움이 생기는 원인을 모르며, 괴로움을 남김없이 없애는 방법도, 괴로움을 그치게 하는 길도 모르는 사람들.

그들은 마음의 해탈을 얻지 못하고, 지혜의 해탈도 얻지 못한다. 그들은 윤회를 끊어버릴 수가 없다. 그들은 생과 늙음을 받는다.

그러나 괴로움을 알고, 괴로움이 일어나는 원인을 알고, 괴로움을 남김없이 없애는 방법을 알고, 또한 괴로움을 그치게 하는 길을 안 사람들.

그들은 마음의 해탈을 이루고, 지혜의 해탈도 구현한다. 그들은 윤회를 끊어버릴 수가 있다. 그들은 생과 늙음을 받지 않는다."

"수행승들이여, 또 다른 방법에 의해서도 두 가지 일을 바르게 관찰할 수가 있는가 하고 묻는 이가 있거든, '있다'고 대답해라. 무슨 까닭인가. 어떤 괴로움이라도 모두 업(業)에 따라 생기는 것이라고 함이 하나의 관찰이고, 그러나 업을 남김없이 끊어버린다면 괴로움이 생기지 않는다고 하는 것이 둘째 관찰이다. 수행승들이여, 이와 같이 두 가지를 바르게 관찰하여 게으르지 않고 정진하는 수행승에게는, 두 가지 과보 중에서 어느 하나를 기대할 수 있다. 즉, 현세에서 지혜를 증득하든가, 혹은 번뇌가 남아 있는 이 헤매는 생존에 다시 돌아오지 않는 일이다."
거룩한 스승은 이렇게 말씀하셨다. 그리고 행복한 스승께서는 다시 다음과 같이 말씀하셨다.

"세상에 있는 여러 가지 형태의 괴로움은 생존의 업에 따라 일어난다. 참으로 알지 못하고 그 생존의 업을 짓는 어리석은 자는 되풀이해서 괴로움을 받는다.
그러므로 똑똑히 알고 괴로움이 생기는 원인을 관찰해 업을 짓지 말라."

"수행승들이여, 또 두 가지 일을 바르게 관찰하는 다른 방법이 있는가 하고 그대들에게 묻는 이가 있거든 '있다'고 대답해라. 어째서 그런가. 어떠한 괴로움이든 무명(無明)으로 인해서 생긴다고 함이 하나의 관찰이다. 그러나 무명을 남김없이 없애버린다면 괴로움은 생기지 않는다 함이 둘째 관찰이다. 이와 같이 두 가지를 바르게 관찰하여 게으르지 않고 정진하는 수행승에게는 두 가지 과보 중에서 어느 하나를 기대할 수 있다. 즉 현세에서 지혜를 증득하든가, 또는 번뇌의 남음이 있는 헤매는 이 생존에 다시 돌아오지 않는 일이다."

스승은 이렇게 말씀하시고 나서 또 다음과 같이 말씀하셨다.

"이 상태에서 다른 상태로 되풀이하여 윤회를 받는 사람들은 그 원인이 무명에 있다.

이 무명이란 커다란 헤맴인데, 이로 말미암아 오랜 윤회가 있게 되는 것이다.

그러나 밝은 지혜에 이른 중생들은 다시 생존을 받는 일이 없다."

"수행승들이여, 또 두 가지 일을 바르게 관찰하는 다른 방법이 있는가 하고 누가 그대들에게 묻거든 '있다'고 대답해라. 어째서 그런가. 어떠한 괴로움이든 모두 형성력(形成力)으로 인해 생긴다 함이 하나의 관찰이다.

그러나 형성력을 남김없이 없애버린다면 괴로움은 생기지 않는다 함이 둘째 관찰이다. 이와 같이 두 가지를 바르게 관찰하여 게으르지 않고 정진하는 수행승에게는 두 가지 과보 중에 어느 한 가지를 기대할 수 있다. 즉, 현세에서 지혜를 증득하든가, 또는 번뇌의 남음이 있는 이 헤매는 생존에 돌아오지 않는 일이다."
스승은 이렇게 말씀하시고 나서 또 다음과 같이 말씀하셨다.

"어떠한 괴로움이든 모두 형성력으로 인해 생기는 것이다. 모든 형성력이 없어진다면 괴로움이 생기지도 않는다.

괴로움은 형성력으로 인해 일어난다고 알아서, 모든 형성력을 없애고 욕심을 끊는다면, 괴로움은 없어지고 만다. 이것을 있는 그대로 알아라.
바르게 보고, 바르게 안 현자나 베다에 통달한 사람들은,

악마의 속박에서 벗어나 다시는 생존을 받지 않는다."

"수행승들이여, '또 다른 두 가지 일을 바르게 관찰하는 방법은 없는가?'라고 그대들에게 누가 묻거든 '있다'고 대답해라. 어째서 그런가. 어떤 괴로움이든 식별(識)로 인해서 일어난다 함이 하나의 관찰이다. 그러나 식별 작용을 남김없이 없앤다면 괴로움도 생기지 않는다 함이 둘째 관찰이다.
이와 같이 두 가지를 관찰하여 게으르지 않고 정진하는 수행승에게는 두 가지 과보 중 어느 하나가 기대된다. 즉, 현세에서 지혜를 증득하든가, 또는 번뇌의 마음이 있는 이 헤매는 미망의 생존에 다시 돌아오지 않는 일이다."
스승은 이렇게 말씀하시고 나서, 또 다음과 같이 말씀하셨다.

"어떠한 괴로움이 생길지라도 그것은 모두 식별 작용으로 인해 일어난다. 식별 작용이 소멸된다면 괴로움이 생길 수 없다.

괴로움은 식별 작용에 의해 일어난다고 알아 식별 작용을 고요히 가라앉힌 수행승은, 쾌락을 탐하지 않고 평안에 돌아가 있다."

"수행승들이여, 또 '두 가지 일을 바르게 관찰하는 다른 방법이 있는가?'라고 누가 그대들에게 묻거든 '있다'고 대답해라. 어째서 그런가. 어떤 괴로움도 모두 접촉으로 인해서 일어난다 함이 그 하나의 관찰이다.
그러나 접촉을 남김없이 아주 없애버린다면 괴로움이 일어나지 않는다 함이 둘째 관찰이다. 이와 같이 두 가지로 바르게 관찰하여 게으르지 않고 정진하는 수행승에게는 두 가지 과보 중 어느 하나가 기대된다. 즉, 현세에서 지혜를 증득하든가, 또는 번뇌의 남음이 있는 이 헤매는 생존으로 다시 돌아오지 않는 일이다."
스승은 이렇게 말씀하시고 나서, 또 다음과 같이 말씀하셨다.

"접촉에 얽매이고, 생존의 물결에 밀리며, 사특한 길에 든 사람은 속박을 끊기 어렵다.

그러나 접촉을 잘 알아 평안을 즐기는 사람은, 실로 접촉을 없애버렸기 때문에 쾌락을 느끼지 않고 평안에 돌아가 있다."

"수행승들이여, 또 '두 가지 일을 바르게 관찰하는 다른 방법이 있는가?'라고 누가 그대들에게 묻거든 '있다'고 대답해라. 어째서 그런가. 어떤 괴로움도 모두 감수(感受)로 인해서 일어난다 함이 하나의 관찰이다. 모든 감수를 남김없이 없애버린다면 괴로움이 생기지 않는다는 것이 둘째 관찰이다. 이와 같이 두 가지로 바르게 관찰하여 게으르지 않고 정진하는 수행승에게는 두 개의 과보 중 어느 하나가 기대된다. 즉, 현세에서 지혜를 증득하거나, 또는 번뇌의 남음이 있는 이 헤매는(迷妄) 생존에 다시는 돌아오지 않는 일이다."

스승은 이렇게 말씀하시고 나서, 또 다음과 같이 말씀하셨다.

"즐겁든 괴롭든, 괴롭지도 않고 즐겁지도 않건 간에 내적으로나 외적으로 감수된 것은 모두 괴로움이라 알고, 없어지고 말 허망한 사물에 접촉할 때마다 소멸을 인정하고야 그에 대한 집착을 버렸다.

온갖 감수가 소멸하기 때문에 수행승은 쾌락을 느끼지 않고 평안에 돌아가 있다."

"수행승들이여, 또 '두 가지 일을 바르게 관찰하는 다른 방법이 있는가?' 하고 누가 그대들에게 묻거든 '있다'고 대답해라. 어째서 그런가. 어떤 괴로움도 모두 애착으로 인해 일어난다 함이 하나의 관찰이다. 그러나 애착을 남김없이 없애버린다면 괴로움이 일어나지 않는다 함이 둘째 관찰이다. 이와 같이 두 가지를 바르게 관찰하고 게으르지 않고 정진하는 수행승들에게는 두 과보 중 어느 하나가 기대된다.

즉, 현세에서 지혜를 증득하거나, 또는 번뇌의 남음이 있는 이 헤매는 생존에 돌아오지 않는 일이다."

스승은 이렇게 말씀하시고 나서 또 다음과 같이 말씀하셨다.

"애착을 벗 삼는 사람은 이 상태에서 저 상태로 영원히 굴러 윤회를 벗어나지 못한다.

애착은 괴로움이 생기는 원인이라는 이 우환을 알아, 수행승은 애착을 버리고 집착 없이 바른 생각을 가지고 편력해야 한다."

"수행승들이여, 또 '두 가지 일을 바르게 관찰하는 다른 방법이 있는가'라고 누가 그대들에게 묻거든 '있다'고 대답해라. 어째서 그런가. 어떠한 괴로움이든 모두 집착으로 인해 일어난다 함이 하나의 관찰이다.
그러나 여러 가지 집착을 남김없이 없애버린다면 괴로움이 생기지 않는다는 것이 둘째 관찰이다. 이와 같이 두 가지 일을 바르게 관찰하여 게으르지 않고 정진하는 수행승에게는, 두 가지 과보 중 어느 하나가 기대된다. 즉, 현세에서 지혜를 증득하거나, 번뇌가 남아 있는 이 헤매는 생존으로 다시 돌아오지 않는 일이다."
스승은 이렇게 말씀하시고 나서, 또 다음과 같이 말씀하셨다.

"집착으로 인해 생존이 생긴다. 생존하는 자는 괴로움을 받는다. 태어난 자에게는 죽음이 있다. 이것이 괴로움이 생기는 원인이다.

그러므로 현자들은 집착이 소멸되는 까닭을 바르게 알고, 태어남의 소멸을 잘 알아 다시는 생존을 받지 않는다."

"수행승들이여, 또 '두 가지 일을 바르게 관찰하는 다른 방법이 있는가?'라고 누가 그대들에게 묻거든 '있다'고 대답해라. 어째서 그런가? 어떠한 괴로움이든 모두 마음이 움직이는 기동(起動)에 의해서 일어난다 함이 하나의 관찰이다.

그러나 기동을 남김없이 없애버린다면 괴로움이 생기지 않는다는 것이 둘째 관찰이다. 이와 같이 두 가지 일을 바르게 관찰하여 게으르지 않고 정진하는 수행승들에게는 두 가지 과보 중 어느 하나가 기대된다. 즉, 현세에서 지혜를 증득하거나, 번뇌가 남아 있는 이 헤매는 생존으로 다시 돌아오지 않는 일이다."

스승은 이렇게 말씀하시고 나서, 또 다음과 같이 말씀하셨다.

"어떠한 괴로움도 모두 마음이 움직이는 기동으로 인하여 생긴다.
모든 기동이 소멸되면 괴로움도 생기지 않는다.

괴로움은 기동으로 인해 생긴다는 것을 알아 모든 기동을 버리고, 기동이 없는 상태에서 해탈하여,

생존에 대한 애착을 끊고 마음이 고요한 수행승은 생의 윤회를 벗어난다.

그는 다시는 생존을 받지 않는다."

"수행승들이여, 또 '두 가지 일을 바르게 관찰하는 다른 방법이 있는가?'라고 누가 그대들에게 묻거든 '있다'고 대답해라. 어째서 그런가. 어떠한 괴로움이든 모두 동요(動搖)로 인해 일어난다 함이 하나의 관찰이다. 그러나 여러 가지 동요를 남김없이 없애버린다면, 괴로움이 생기지 않는다는 것이 둘째 관찰이다.

이와 같이 두 가지 일을 바르게 관찰하여 게으르지 않고 정진하는 수행승에게는 두 가지 과보 중 어느 하나가 기대된다. 즉, 현세에서 지혜를 증득하거나, 번뇌가 남아 있는 이 헤매는 생존으로 다시 돌아오지 않는 일이다."

스승은 이렇게 말씀하시고 나서, 또 다음과 같이 말씀하셨다.

"어떠한 괴로움이 일어날지라도 모두 동요로 인해서 일어난다. 모든 동요가 그치게 되면 괴로움도 생기지 않는다.

괴로움은 동요로 인해 일어난다고 알아서, 그 때문에 수행승은 애착의 동요를 버리고, 모든 형성력을 종식시켜, 무동요가 없고 집착이 없는, 바른 생각을 가지고 편력해야 한다."

"수행승들이여, 또 '두 가지 일을 바르게 관찰하는 다른 방법이 있는가?'라고 누가 그대들에게 묻거든 '있다'고 대답해라. 어째서 그런가. 걸림이 있는 사람은 주저한다는 것이 하나의 관찰이다. 걸림이 없는 사람은 주저하지 않는다는 것이 둘째 관찰이다.
이와 같이 두 가지를 바르게 관찰하여 게으르지 않고 정진하는 수행승에게는, 두 가지 과보 중 어느 하나가 기대된다. 즉, 현세에서 지혜를 증득하거나, 번뇌가 남아 있는 이 헤매는 생존으로 다시 돌아오지 않는 일이다."
스승은 이렇게 말씀하시고 나서, 또 다음과 같이 말씀하셨다.

"걸림이 없는 사람은 주저하지 않는다. 그러나 걸림이 있는 사람은 이 상태에서 저 상태로 집착하고 있어 윤회를 벗어날 수 없다.

여러 가지 걸림 속에 커다란 두려움이 있다는 이 우환을 알아, 수행승은 걸림 없고 집착 없이 바른 생각을 가지고 편력해야 한다."

"수행승들이여, 또 '두 가지 일을 바르게 관찰하는 다른 방법이 있는가'라고 누가 그대들에게 묻거든 '있다'고 대답해라. 어째서 그런가. 물질적 영역보다도 비물질적 영역이 더욱더 고요하다고 하는 것이 하나의 관찰이다. 비물질적 영역보다 소멸의 편이 더욱 고요하다 하는 것이 둘째 관찰이다. 이와 같이 두 가지를 바르게 관찰하여, 게으르지 않고 정진하는 수행승에게는 두 가지 과보 중 어느 하나가 기대된다. 즉, 현세에서 지혜를 증득하거나, 번뇌가 남아 있는 이 헤매는 생존으로 다시 돌아오지 않는 일이다."

스승은 이렇게 말씀하시고 나서, 또 다음과 같이 말씀하셨다.

"물질적 영역에 태어나는 모든 생물과 비물질적 영역에 사는 모든 생물은 소멸을 모르기 때문에, 다시 이 세상에 태어난다.

그러나 물질적 영역을 잘 알고, 비물질적 영역에 안주하여 소멸에서 해탈한 사람들은 죽음을 버린 것이다."

"수행승들이여, 또 '두 가지 일을 바르게 관찰하는 다른 방법이 있는가?'라고 누가 그대들에게 묻거든 '있다'고 대답해라. 어째서 그런가? 수행승들이여, 신과 악마가 공존하는 세계, 사문 · 바라문 · 신 · 인간을 포함한 모든 생존자가 '이것은 진리다'라고 생각한 것을, 성자들은 '이것은 허망하다'고 사실대로 바른 지혜를 가지고 본다. 이것이 하나의 관찰이다.

신과 악마가 공존하는 세계, 사문 · 바라문 · 신 · 인간을 포함한 모든 생존자가 '이것은 허망하다'고 생각한 것을, 성자들은 '이것은 진리다'라고 있는 그대로 바른 지혜로써 보이는 것이 둘째 관찰이다.

이와 같이 두 가지를 바르게 보아 게으르지 않고 정진하는 수행승에게는 두 가지 과보 중 어느 하나가 기대된다. 즉, 현세에서 지혜를 증득하거나 번뇌가 남아 있는 이 헤매는 생존으로 다시 돌아오지 않는 일이다."

스승은 이렇게 말씀하시고 나서, 또 다음과 같이 말씀하셨다.

"보라. 신과 세상 사람들은 내가 아닌 것을 나(我)라고 생각하고, 명칭(名)과 형태(色)에 집착해 있다. '이것이야말로 진리다'라고 생각하고 있다.

어떤 것에 대해서, 이렇다 저렇다고 생각하더라도 그것이 사실과는 다르다. 왜냐하면, 어리석은 자의 생각은 허망하기 때문이다.
지나가 버리는 것은 허망한 것이므로.

그러나 안정은 허망한 것이 아니다. 성자들은 이것을 진리로 안다. 그들은 진리를 깨달았기 때문에, 쾌락을 탐하지 않고 평안에 돌아간 것이다."

"수행승들이여, 또 '두 가지 일을 바르게 관찰하는 다른 방법이 있는가?'라고 누가 묻거든 '있다'고 대답해라. 어째서 그런가. 수행승들이여, 신과 악마가 공존하는 세계, 사문 · 바라문 · 신 · 인간을 포함한 모든 생존자가 '이것은 안락이다'라고 생각한 것을, 성자들은 '이것은 고뇌다'라고 사실대로 바른 지혜로써 잘 살핀다.
이것이 하나의 관찰이다. 신과 악마가 공존하는 세계, 사문 · 바라문 · 신 · 인간을 포함한 모든 생존자가 '이것은 고뇌다'라고 생각한 것을, 성자들은 '이것은 안락이다'라고 사실대로 바른 지혜로써 살핀다. 이것이 둘째 관찰이다.

이와 같이 두 가지를 가지고 바르게 살펴서 게으르지 않고 정진하는 수행승에게는, 두 가지 과보 중 어느 하나가 기대된다. 즉, 현세에서 지혜를 증득하거나, 번뇌가 남아 있는 이 헤매는 생존으로 다시 돌아오지 않는 일이다."
스승은 이렇게 말씀하시고 나서, 또 다음과 같이 말씀하셨다.

"있다고 할 수 있는 빛깔 · 음성 · 향기 · 맛, 만져지는 것, 생각할 수 있는 것으로 한결같이 사랑스럽고 마음에 드는 것.

그것들은 실로 신이나 세상 사람들에게는 다같이 '안락'이라 인정되고 있다. 또한 그것이 멸할 때에는 그들은 그것을 '고뇌'라고 생각한다.

그러나 성인들은 자기의 신체를 단멸(斷滅)하는 것이 안락이라고 생각한다. 바르게 보는 사람들의 생각은 세상의 사람들과는 정반대다.

다른 사람들이 '안락'이라 하는 것을 성자들은 '고뇌'라고 말한다.

다른 사람들이 '고뇌'라고 하는 것을 성자들은 '안락'이라고 생각한다. 알기 어려운 진리를 보라. 무지한 사람들은 여기서 헤매게 된다.

덮여 있는 사람에게는 어둠이 있다. 바르게 보지 않는 사람에게는 암흑이 있다. 선량한 사람에게는 펼쳐 보임(開顯)이 있다. 마치 볼 수 있는 사람에게 광명이 있는 것처럼. 이치가 무엇인지를 모르는 짐승 같은 치인(痴人)은 안락의 곁에 있으면서도 그것을 모른다.

생에 대한 탐욕에 사로잡히고 생존의 흐름에 떠내려가, 악마의 영토에서 사는 사람은 이 진리를 깨닫기 힘들다.

성자들 말고 누가 이 경지를 깨달을 수 있을 것인가. 이 경지를 바르게 알면, 번뇌의 때가 묻지 않은 이가 되어 원만한 평안에 들어가리라."

스승(부처님)은 이렇게 말씀하셨다. 수행승들은 기뻐하면서 스승의 가르침을 받아들였다. 이 설법이 있을 때 60명의 수행승들은 집착이 없어져 마음이 더러움에서 해탈되었다.

제4장 의품(義品)

1. 욕망

욕망을 이루고자 하는 사람이 잘될 때에는, 그는 참으로 인간이 갖고자 하는 것을 얻어서 기뻐한다.

욕망을 이루고자 탐욕이 생긴 사람이, 만일 욕망을 이루지 못하게 되면, 그는 화살에 맞은 사람처럼 괴로워 번민한다.

뱀의 머리를 밟지 않으려고 조심하는 것처럼, 모든 욕망을 피하는 사람은 바른 생각을 하고, 이 세상의 애착을 넘어선다.

농토 · 집터 · 황금 · 마소(牛馬) · 노비 · 고용인 · 부녀 · 친척, 그 밖에 여러 가지를 탐내는 사람이 있다면, 무력한 것(온갖 번뇌)이 그를 이기고 위험과 재난이 그를 짓밟는다. 그러므로 괴로움이 그를 따른다. 마치 파손된 배에 물이 새어들 듯이.

그래서 사람은 항상 바른 생각을 지키고, 모든 욕망을 회피해야 한다.
배에 스며든 물을 퍼내듯이, 그와 같은 욕망을 버리고 강을 건너 피안에 도달한 사람이 되라.

2. 동굴

동굴(육신) 속에 머물러 집착하고, 온갖 번뇌에 덮이어 미망(迷妄) 속에 빠져 있는 사람, 이러한 사람은 집착에서 벗어날 수 없다. 참으로 이 세상 욕망을 버리기란 어렵기 때문이다.

욕구에 따라 생존의 쾌락에 붙잡힌 사람들은 해탈하기 어렵다. 남이 해탈을 시켜줄 수 없기 때문이다. 그들은 미래와 과거를 생각하면서 이러한 현재의 욕망, 또는 과거의 욕망에 탐착한다.

그들은 욕망을 탐하고 구하고 빠지고, 인색하고 부정(不正)에 친근하지만, 죽을 때에는 괴로움에 짓눌려 슬퍼한다. 여기서 죽으면 나는 어떻게 될까 하고.

그러므로 사람들은 여기서 배워야 한다. 세상에서 부정이라고 알려진 그 어떤 일에도 휩쓸려서는 안 된다.
사람의 목숨은 짧은 것이라고 현자(賢者)는 말하지 않았

던가.

여러 가지 생존에 대한 집착에 붙들려 이 세상 사람들이 떨고 있는 것을 나는 본다. 못난 사람들은 여러 가지 생존에 대한 애착을 떠나지 못한 채 죽음에 직면하여 울고 있다.

무엇인가를 내 것이라고 집착해 동요하고 있는 사람들을 보라. 그들의 모습은 메말라, 물이 적은 개울에서 허덕이는 물고기와 같다. 이 꼴을 보고 '내 것'이라는 생각을 말아야 한다. 여러 가지 생존에 대해 집착을 버리고, 생각을 정리해 강을 건너라. 성인은 소유하고자 하는 집착에 의해 더럽혀지지 않으며, 번뇌의 화살을 빼고 애써 정진하여 이 세상도 저세상도 바라지 않는다.

3. 분노

마음으로부터 화를 내고 남을 비방하는 사람이 있다. 또한 마음이 진실한 사람이라도 남을 비방하는 일이 있다. 비방하는 말을 들을지라도 성인은 그것에 동하지 않는다. 성인은 무슨 일에나 마음이 거칠어지지 않는다.

욕심에 끌리고 소망에 붙들린 사람이 어떻게 자기의 견해를 초월할 수 있을까. 그는 자신이 완전하다고 생각한 바를 그대로 행한다. 그는 또한 아는 대로 떠들어댈 것이다.

누가 묻지도 않는데 남에게 자기의 계율과 도덕을 선전하는 사람, 스스로 자기 일을 떠들고 다니는 사람은, 거룩한 진리를 갖지 못한 사람이라고, 진리에 도달한 사람들은 말한다.

편안하고 마음이 안정된 수행승이 계율에 대해서, 나는 이렇게 하고 있노라 하면서 뽐내지 않고, 이 세상 어디에 있더라도 번뇌가 불타지 않는다면, 그는 거룩한 진리를 지니고 있는 사람이라고 진리에 도달한 사람들은 말한다.

모든 사물에 대한 고집을 확실히 알고 자기 견해에 대한 집착을 초월하는 일은 쉬운 일이 아니다. 때문에 사람들은 그런 비좁은 견해의 울타리 안에 갇혀 법을 등지고 또 집착한다.

사악(邪惡)을 쓸어 없애버린 사람은, 이 세상 어디를 가든 모든 생존에 대해 미리 가지고 있는 편견이 없다. 사악을 물리친 사람은 허위와 교만을 버렸거늘, 어찌 윤회에 떨어질 것인가. 그에게는 이미 의지하고 가까이할 아무것도 없다.

모든 일에 기대고 의지하는 사람은 비난을 받는다. 그러나 기대고 의지함이 없는 사람을 어떻게 비난할 수 있겠는가. 그는 집착하지도 않고 버리지도 않는다. 그는 이 세상에서 모든 편견을 쓸어버린 것이다.

6. 늙음

아, 짧도다. 인간의 생명이여.
백 살도 못 되어 죽고 마는가? 아무리 오래 산다 해도 결국은 늙어서 죽는 것을.

사람들은 내 것이라고 집착한 물건 때문에 근심한다. 자기가 소유한 것은 영원한 것이 아니다. 이 세상 것은 모두 변하고 없어지는 것으로 알고, 어떤 집착에도 머물지 말라.

사람이 '이것은 내 것'이라고 생각하는 물건, 그것은 그 사람의 죽음으로 잃게 된다. 나를 따르는 사람은 현명하게 이 이치를 깨닫고, 내 것이라는 관념에 사로잡히지 말라.

이를테면, 눈을 뜬 사람은 꿈속에서 만난 사람을 다시 볼 수 없듯이.
사랑하는 사람이 죽어 이 세상을 떠나면 다시는 만날 수가 없다.

누구누구라고 하던 사람들도 한번 죽은 후에는 그 이름만 이 남을 뿐이다.

내 것이라고 집착하여 욕심 부리는 사람은, 걱정과 슬픔과 인색함을 버리지 못한다. 그러므로 안온함을 얻은 성인들은 소유를 버리고 떠난 것이다.

싫어하고 물러나 행을 닦는 수행승은 멀리 떨어진 곳을 즐겨 찾는다. 그가 생존의 영역 속에 자기를 드러내지 않는다면, 그것은 그에게 어울리는 일이다.

성인은 아무것에도 머무르지 않고, 사랑하거나 미워하지 않는다.
또 슬픔도 인색함도 그를 더럽히지 않는다. 마치 연꽃잎에 물이 묻지 않는 것처럼.

이를테면, 연꽃잎에 물방울이 묻지 않듯이, 성인은 보고 배우고 사색한 어떤 것에도 더럽혀지지 않는다.

사특한 악을 털어버린 사람은 보고 배우고 생각한 어떤 일에도 유달리 집착하거나 생각하지 않는다. 그는 다른 것에 의해서 깨끗해지려고 하지 않는다. 그는 탐내지 않고 탐욕에서 떠나려 하지도 않는다.

7. 성교

장로 티사 메티야가 말했다.
"스승이시여, 성교에 탐닉하는 자의 파멸을 말씀해 주십시오. 당신의 가르침을 듣고 우리도 멀리할 것을 배우겠습니다."

스승께서는 대답하셨다.
"메티야여, 성교에 탐닉하는 자는 가르침을 잃고, 그 행은 사특하고 악하다. 이것은 그들 안에 있는 천한 요소다.

여태까지는 독신으로 살다가 나중에 성교에 빠지는 자는, 수레가 길에서 벗어난 것과 같다. 세상 사람들은 그를 천한 범부라 부른다.

지금껏 그가 가졌던 명예와 명성을 다 잃게 된다. 이 일을 보고 성교를 끊도록 힘쓰라.

그는 온갖 욕심에 사로잡혀 가난뱅이처럼 생각만 한다.

이런 사람은 남의 좋은 평판을 듣고 부끄러워한다.

남에게 욕을 먹으면 칼날을 세우고 거짓말을 한다. 이것이 그에게 커다란 단점이다.

독신을 지키고 있을 때에는 여러 사람에게서 지혜로운 분이라고 인정받던 사람도, 성교에 빠지기 때문에 마침내 어리석은 사람처럼 괴로워한다.

성인은 이 세상에서 앞뒤로 이러한 재난이 있음을 알아, 굳게 독신을 지키고 성교에 빠지지 말아야 한다.

속된 일에서 떠나는 것을 배우라. 이것은 모든 성인에게 있어 으뜸가는 일이다. 그렇지만 이것만으로 자기가 최상이라고 생각해서는 안 된다. 다만 평안에 가까워졌을 뿐이다.

성인은 온갖 욕망을 거들떠보지 않으며, 이를 떠나 행하고 흐름을 건넜기 때문에, 온갖 욕망에 속박되어 살고 있는 사람들은 그를 부러워한다."

8. 물이 말라가는 곳에 있는 물고기

물이 말라가는 곳에 있는 물고기처럼 두려워 떨고 있는 사람들을 보고, 또 서로 반목하고 있는 사람들을 보고, 나는 안타까웠다.

이 세상 어디나 굳건하지는 않다.
어느 곳이나 모두 흔들리고 있다. 나는 내가 의지해야 할 곳을 찾았지만, 이미 죽음과 고통에 사로잡혀 있지 않은 곳은 없었다.

온갖 살아 있는 것이 결국 장애에 부딪치는 것을 보고 나는 안타까웠다.
그리고 나는 그들의 마음속에 차마 볼 수 없는 번뇌의 화살이 박혀 있는 것을 보았다.

이 화살에 꽂힌 자는 사방을 헤맨다. 이 화살을 뽑아버리면 헤매지도 않고 가라앉지도 않는다.

세상에서는 여러 가지 학문을 배운다. 그러나 그 여러 가지 속박의 굴레에 빠져서는 안 된다. 모든 욕망을 완전히 알고 나서 자기의 평안을 배우라.

성자는 성실해야 한다. 오만하지 않고 사특한 탐욕과 인색을 초월해야 한다.

마음을 평안히 갖는 사람은 잠과 권태와 우울을 이겨내야 한다. 게을러서는 안 된다. 교만에 머물러 있어도 안 된다.

거짓말을 피하라. 아름다운 모양에 애착을 주지 말라. 또 교만한 마음을 잘 알아 포악해지지 말라.

낡은 것을 좋아하지 말라. 새로운 것에 매혹당하지도 말라. 사라져가는 것을 슬퍼하지 말아야 한다. 애착에 붙잡혀 있어도 안 된다.

성자는 진실에서 떠나지 않고, 바라문은 육지(평안)에 서 있다. 그는 모든 것을 버리고 '평안에 이른 사람'이라 불린다.

그는 지혜로운 자이고 진리를 통달한 사람이다. 그는 이치를 알아 걸림이 없다. 그는 세상에서 바르게 행동하고, 이 세상에서 아무것도 부러워하지 않는다.

이 세상에서 모든 욕망을 초월하고, 극복하기 어려운 집착을 넘어선 사람은 떠내려가지 않고, 얽매이지 않는다.
걱정하지 않고 사모하여 애태우지도 않는다.

과거에 있었던 것을 말려버리라. 그대의 미래에 아무것도 없게 하라. 현재에도 어디에도 집착하지 않는다면 그대는 평안해지리라.

명칭과 형태에 대해서 내 것이라는 생각이 전혀 없는 사람, 또는 무엇인가 없다고 해서 근심하지 않는 사람, 그는 참으로 늙지 않는다.

'이것은 내 것이다' 또는 '이것은 남의 것이다' 하는 생각이 없는 사람, 그는 내 것이라는 관념이 없으므로, 내게는 없다고 해서 슬퍼하지 않는다.

시기하지 않고, 탐내지 않으며, 흔들려 괴로워하지 않고,

만물에 대해 평등하다. 떨지 않는 사람에 대해 묻는 이가 있거든, 나는 그의 아름다운 점을 이렇게 말하리라.

성자는 자기가 대등한 사람들 속에 있다고 생각하지 않고, 못난이들 속에 있다거나 잘난 사람들 속에 있다고도 하지 않는다. 그는 평안에 돌아가 인색하지 않고, 취(取)하거나 버리지 않는다.

제5장 피안도품(彼岸道品)

1

존자 아지타가 물었다.

“세상은 무엇으로 덮여 있습니까? 세상은 무엇 때문에 빛나지 않습니까? 세상을 더럽히는 것은 무엇입니까? 세상의 커다란 공포는 무엇입니까? 그것을 말씀해 주십시오.”

스승께서 대답하셨다.

“아지타여, 세상은 무명에 덮여 있다. 세상은 탐욕과 게으름 때문에 빛나지 않는다. 욕심은 세상의 때이며, 고뇌는 세상의 커다란 공포라고 나는 말한다.”

존자 아지타가 말했다.

“번뇌의 흐름은 어느 곳에나 흐르고 있습니다. 그 흐름을 막는 것은 무엇입니까? 그 흐름을 막고 보호하는 것은 무엇입니까? 그것을 말씀해 주십시오.”

스승은 대답했다.

“아지타여, 세상에서 모든 번뇌의 흐름을 막아내는 것은 조심하는 일이다. 그것이 번뇌의 흐름을 막고 보호한다. 그 흐름은 지혜로 막을 수 있는 것이다."

존자 아지타가 말했다.
"지혜와 조심하는 일과 명칭과 형태는 어떠한 때 소멸하는 것입니까? 이것을 말씀해 주십시오."

"아지타여, 그대의 질문에 답하리라. 식별(識別) 작용이 없어짐으로써 명칭과 형태가 남김없이 멸했을 때에, 이 명칭과 형태가 없어진다."

"이 세상에는 진리를 찾아 밝힌 사람도 있고, 배우고 있는 사람도 있으며, 범부도 있습니다. 바라건대 현자께서는 그들의 행동을 말씀해 주십시오."

"수행승은 여러 가지 욕망에 빠져서는 안 된다. 마음이 혼탁해서는 안 된다. 모든 사물의 진상에 숙달하여 정신을 차리고 편력하여라."

2

존자 티사 메티야가 물었다.

“이 세상에서 만족하고 있는 사람은 누구입니까? 흔들리지 않는 사람은 누구입니까? 양극단을 통달한 만큼 깊이 생각해 양극단이나 중간에도 때 묻지 않는 사람은 누구입니까? 당신은 누구를 위인이라 부릅니까? 이 세상에서 만나는 번뇌를 초월한 사람은 누구입니까?”

스승은 대답했다.

“메티야여, 모든 욕망에 대해서 청정한 행을 지키고, 애착을 떠나 항상 조심하고 진리를 밝혀 평안의 열반에 돌아간 수행자, 그에게는 흔들림이 없다.”

“그는 양극단을 통달하고 깊이 생각해, 양극단이나 중간에도 더럽혀지지 않는다. 나는 그를 위인이라 부른다. 그는 이 세상에서 만나는 번뇌를 초월해 있다.”

3

존자 푼나카가 물었다.

"흔들리지 않는 근본을 달관하신 당신께 여쭙고자 이렇게 왔습니다. 선인(仙人)이나 상인(常人)이나 왕족, 바라문은 무엇 때문에 널리 신들에게 희생(犧牲)을 바쳤습니까? 스승이시여, 당신께 묻사오니 나에게 말씀을 해주십시오."

스승은 대답했다.

"푼나카여, 대개 선인 · 상인 · 왕족 · 바라문들이 세상에서 널리 신들에게 희생을 바친 것은 현재 우리의 이러한 생존 상태를 희망하여 노쇠에 걸리어 희생을 바친 것이다."

존자 푼나카가 물었다.

"스승이시여, 대개 이 세상에서 선인 · 상인 · 왕족 · 바라문이 모두 신들에게 희생을 바쳤습니다만, 제사에 게으르지 않았던 그들은 생과 노쇠를 초월한 것입니까? 나의 사람이시여, 당신께 묻사오니 그것을 제게 설명하여 주십시오."

스승은 대답했다.
"푼나카여, 그들은 희망하고 칭찬하고 열망하여 공양을 바친다. 이득에 의해 욕망을 달성하고자 희망하는 것이다. 제물을 바치기에 몰두하는 사람들은 이 세상의 생존에 대한 탐착을 버리지 않는다. 그들은 생과 노사를 초월하지 못했다고 나는 말한다."

존자 푼나카가 말했다.
"만약 제물을 바치기에 몰두해 있는 그들이 제사로써도 생과 노쇠를 초월하지 못했다면, 나의 사람이시여, 신과 인간의 세계에서 생과 노쇠를 초월한 사람은 누구입니까? 스승이시여, 당신께 묻사오니 그것을 제게 말씀해 주십시오."

스승께서 말씀하셨다.
"푼나카여, 세상에서 이런저런 상태를 구명하여 아무것에도 흔들리지 않고, 평안에 머물러 아무 고뇌도 욕망도 없는 사람, 그는 생과 노쇠를 초월했다고 나는 말한다."

4

존자 메타구가 물었다.
"스승이시여, 당신께 묻겠습니다. 이것을 제게 말씀해 주십시오. 당신은 베다의 달인, 마음을 수양하신 분이라고 생각합니다. 이 세상에 있는 갖가지 괴로움은 도대체 어디서 나타난 것입니까?"

스승은 대답했다
"메타구여, 그대는 내게 괴로움이 생기는 원인을 물었다. 내가 알고 있는 것을 그대에게 말하리라. 세상의 온갖 괴로움은 집착으로 인해 생긴다.
사실은 아무것도 모르면서 집착을 만드는 사람은 어리석음으로 되풀이해 괴로움에 다가선다. 그러므로 아는 것이 있어 괴로움이 생기는 것을 본 사람은 집착을 만들어서는 안 된다."

"우리가 당신에게 물은 바를 당신은 우리에게 설명해 주셨습니다. 다른 것을 또 묻겠습니다. 어떻게 하면 현자들은 번뇌의 흐름, 생과 노쇠, 근심과 슬픔을 초월할 수 있습니까? 성인이시여, 그것을 제게 설명해 주십시오. 당신은 이 법칙을 분명히 알고 계시기 때문입니다."

스승이 대답했다.
"메타구여, 현세에 전해 내려온 것이 아닌 이 법칙을 나는 네게 말하겠다. 그 법칙을 듣고 명심해서 행동하여 세상의 집착을 초월하여라."

"위대한 선인이시여, 그 으뜸가는 법칙을 받아 그지없이 기쁩니다. 그 법칙대로 행하여 세상의 집착을 넘어서겠습니다."

스승이 대답했다.
"메타구여, 상하 · 좌우 · 중앙에서 그대가 아는 어떤 것이라도 그것에 대한 기쁨과 집착과 식별(識別)을 제거하고, 덧없는 생존 상태에 머물지 말라.
이렇게 해서 조심하고 게으르지 않는 수행자는 내 것이라 고집했던 것을 버리고, 생과 노쇠, 근심과 슬픔을 버리고, 지자(智者)가 되어 이 세상의 괴로움에서 벗어나리라."

"위대하신 선인의 말씀을 듣고 기쁩니다. 고타마시여, 번뇌의 요소가 없는 경지가 잘 설명되었습니다. 확실히 스승께서는 괴로움을 버리셨습니다. 당신께서는 이 법칙을 있는 그대로 알고 계십니다.

성인이시여, 당신께서 간절히 가르치시고 이끌어주신 사람들은 곧 괴로움을 버리게 될 것입니다. 당신 가까이 가서 예배드리겠습니다. 스승이시여, 저를 가르치고 이끌어 주십시오."

"아무것도 소유하지 않고 욕망의 생존에 집착하지 않는 바라문, 베다의 달인이라고 안 사람, 그는 확실히 이 번뇌의 흐름을 건넜다. 그는 피안에 이르러 마음이 거칠지 않고 의혹도 없다.

또 그는 이 세상에서는 지자(智者)이고, 베다의 달인(達人)이며, 여러 가지 생존에 대한 집착을 버리고 애착을 떠나 고뇌도 없고 희망도 없다. 그는 생과 노쇠를 뛰어넘었다고 나는 말한다."

5

존자 도타카가 물었다.

“스승이시여, 당신께 묻겠습니다. 이 일을 제게 말씀해 주십시오. 위대하신 선인이여, 당신의 말씀을 듣고 싶습니다. 당신의 음성을 듣고 열반을 배우겠습니다.”

스승께서 말씀하셨다.

“도타카여, 그럼 이 세상에서 현명하게 정신 차려 정진하라. 내 입에서 나오는 말을 듣고 자기의 평안을 배우라.”

“저는 신과 인간의 세계에서 아무것도 소유하지 않고 행동하는 바라문을 봅니다. 널리 보시하는 분이여, 당신께 예배드립니다. 석가시여, 저로 하여금 온갖 의혹에서 풀려나게 해주십시오.”

“도타카여, 나는 이 세상에서 어떠한 의혹을 가진 자라 할지라도 해탈시켜 주지는 못한다. 다만 그대가 으뜸가는 진리를 안다면, 그것으로 인해 그대는 번뇌의 흐름을 건너게 되리라."

"바라문이여, 자비를 베풀어 멀리 떨어지는 진리를 가르쳐주십시오. 그것을 알아야만 하겠습니다. 마치 허공처럼 여러 가지 모양을 나타내지 않고, 이 세상에서 고요하고 걸림 없이 행하겠습니다."

스승께서 말씀하셨다.
"도타카여, 현세에서 전해 내려오지 않은 이 평안을 네게 말하겠다. 그것을 알아 정신 차려 행하고, 세상의 집착을 뛰어넘으라."

"위대한 선인이여, 그 으뜸가는 평안에 대한 가르침을 받고 그지없이 기쁩니다. 그것을 알아 정신 차려 행하고, 세상의 집착을 끊겠습니다."

스승께서 대답하셨다.
"도타카여, 상하 · 좌우 · 중앙에 있는 그대가 알고 있는 무엇이건, 그것을 세상의 집착이라 알고, 이것저것 존재에 대한 애착을 가져서는 안 된다."

존자 우파시바가 물었다.
"석가시여, 아무것에도 의존하지 않고 혼자서 큰 번뇌의 흐름을 건널 수는 없었습니다. 의지해 건널 수 있는 것을 가르쳐주십시오. 널리 보시는 분이여."

거룩한 스승은 대답했다.
"우파시바여, 마음의 고요를 얻어 무소유를 생각하면서 '거기에는 아무것도 없다'라고 생각하는 것으로써 번뇌의 흐름을 건너라. 모든 욕망을 버리고 의혹에서 벗어나 불철주야로 애착의 소멸을 살펴라."

6

존자 우파시바가 말했다.
"모든 욕망에 의한 탐착에서 벗어나 무소유에 의해 모든 것을 버리고, 가장 높은 해탈을 얻은 사람, 그는 게으르지 않고 거기에 편히 머무를 수 있겠습니까?"

"우파시바여, 모든 욕망에 의한 탐착에서 벗어나 무소유에 의해 모든 것을 버리고 가장 높은 상념의 해탈에 도달한 사람, 그는 물러서지 않고 거기에 편히 머무르리라."

"널리 보시는 분이여, 만약 그가 물러나지 않고 여러 해 동안 거기에 머문다면, 그는 해탈하여 청량(淸凉)하게 되겠습니까? 그리고 그러한 사람의 식별 작용은 있는 것입니까?"

"우파시바여, 가령 사나운 바람에 꺼져버린 불꽃은 불의 수에 들지 않는 것처럼, 성인은 명칭과 신체에서 해탈해 없어져 존재하는 총중(叢中)에 들지 않는다."

"멸해버린 그는 존재하지 않는 것입니까? 혹은 항상 존재하고 탈이 없는 것입니까? 성인이시여, 그것을 제게 말씀해 주십시오. 당신은 이 법칙을 그대로 알고 계시지 않습니까?"

스승은 대답했다.
"우파시바여, 멸해버린 자에게는 그것을 헤아릴 기준이 없다. 그것을 이렇다 저렇다 말할 만한 근거가 그에게는 없는 것이다. 모든 것이 깨끗이 끊어지면 논리의 길도 완전히 끊어져 버리는 것이다."

7

존자 난다가 물었다.

“세상에는 여러 성자가 있다고들 합니다. 어째서 그렇습니까? 세상 사람들은 지혜가 갖추어진 사람을 성자라고 부릅니까, 혹은 생활이 갖추어진 사람을 성자라고 부릅니까?”

스승은 대답했다.

“난다여, 이 세상 진리를 통달한 사람은 견해로나 학문으로나 지식을 보고 성자라고 하지는 않는다. 번뇌인 마군을 깨뜨려 고뇌가 없고 욕망이 없이 행동하는 사람들, 그들이야말로 성자라고 나는 말한다.”

존자 난다가 물었다.

“대개 이런 사문이나 바라문들은 견해나 학문에 의해서 청정해질 수 있다고 말합니다. 계율이나 서원에 의해서도 청정해질 수 있다고 합니다. 이와 같이 여러 가지 방법으로 청정해질 수 있다고 말합니다. 스승이시여, 그들은 거기에 의존하여 스스로 자제하고 있지만, 과연 생과 노쇠를 넘어선 것입니까? 존경하는 스승이시여, 당신께 묻사오니 그것을 제게 가르쳐주십시오."

스승은 대답했다.
"난다여, 이들 사문이나 바라문들은 모두 견해로 인해 청정해지고, 계승된 학문에 의해서도 청정해진다고 말한다. 그리고 계율이나 서원에 의해서도 청정해진다고 한다. 그러나 그들이 그러한 것을 가지고 자제한다 할지라도, 생과 노쇠를 초월한 것은 아니라고 나는 말한다."

존자 난다가 말했다.
"대개 사문이나 바라문들은 견해나 학문에 의해서, 또는 계율이나 서원에 의해서 청정해진다고 합니다. 이 밖에 여러 가지 방법으로 인해 청정해진다고 합니다. 성인이시여, 만일 당신께서 '그들은 아직도 번뇌의 흐름을 건너지 못했다'고 하신다면, 신과 인간의 세계에서 생과 노쇠를 초월한 사람은 누구입니까? 스승이시여, 당신께 묻사오니 그것을 제게 말씀해 주십시오."

스승은 대답하셨다.

"난다여, 나는 모든 사문 · 바라문들이 생과 노쇠에 싸여 있다고 말하는 것이 아니다. 이 세상에서 견해나 학문, 사색이나 계율 혹은 서원을 다 버리고, 또 온갖 방법을 다 버리고, 애착을 깊이 살펴 마음에 때가 묻지 않은 사람들, 그들은 참으로 '번뇌의 흐름을 건넌 사람들'이라고 나는 말한다."

"위대하신 성인의 말씀을 듣고 한없이 기쁩니다. 고타마시여, 번뇌의 요소가 없는 경지를 훌륭하게 밝혀주셨습니다. 이 세상에서 모든 집착을 버리고, 애착에 대한 것을 깊이 살펴 마음에 때가 묻지 않은 사람들, 그들이야말로 참으로 '번뇌의 흐름을 건넌 사람들'이라고 생각합니다."

8

존자 헤마카가 물었다.

"고타마 이전에 옛사람들이 '이전에는 이러했다, 미래는 이렇게 되리라' 하고 내게 말해준 것은 모두 전해들은 바에 불과합니다. 그것은 모두 사색의 혼란을 더할 뿐입니다. 저는 그들의 말을 즐겨하지 않았습니다. 성인이시여, 애착을 끊어버리는 방법을 말씀해 주십시오. 그것을 알아 명심하고 행해서 세상의 집착을 뛰어넘겠습니다."

"헤마카여, 이 세상에서 보고 듣고 생각하고 판단한 일체 사물에 대해서 탐욕을 없애는 것이 영원한 열반의 경지다.

이것을 잘 알고 명심해 현세에서 번뇌를 완전히 벗어버린 사람은 항상 평안에 돌아가 있다. 세상의 애착을 뛰어넘은 것이다."

9

토데야 존자가 물었다.

"모든 욕망에 머물지 않고, 애착이 없이 온갖 의혹을 초월한 사람, 그는 어떤 해탈을 구하면 좋겠습니까?"

스승은 대답했다.

"토데야여, 모든 욕망에 머물지 않고 애착이 없이 온갖 의혹을 초월한 사람, 그에게는 해탈이 따로 없다."

"그는 소원이 없는 사람입니까? 또는 무엇인가를 하고 있는 것입니까? 그는 지혜가 있는 것입니까? 또는 지혜로써 무엇인가를 계획하는 사람입니까? 석가시여, 그가 성인임을 알 수 있도록 말씀해 주십시오. 널리 보시는 분이여."

"그는 아무 소원도 없는 사람이다. 그는 아무것도 희망하지 않는다. 그는 지혜를 가진 사람이지만, 지혜로써 무엇을 꾸미지는 않는다. 토데야여, 성인은 이러한 사람이라는 것을 알아라. 그는 아무것도 소유하지 않으며, 욕망의 생존에 집착하지도 않는다."

10

카파 존자가 물었다.

"무서운 폭류(暴流)가 밀려왔을 때 호숫가에 있는 사람들, 노쇠와 죽음에 짓눌려 있는 사람들을 위해 피난처가 될 섬을 말씀해 주십시오. 당신은 이 괴로움이 다시는 일어나지 않을 피난처를 제게 보여주십시오. 나의 사람이시여."

스승은 대답했다.

"카파여, 아주 무서운 폭류가 밀려왔을 때 호숫가에 있는 사람들, 노쇠와 죽음에 짓눌려 있는 사람들을 위한 섬을 너에게 말해주리라.

어떠한 소유도 없고 집착하여 위할 일이 없는 것, 이것이 바로 피난처다. 그것을 열반이라고 한다. 그것은 노쇠와 죽음의 소멸인 것이다.

이것을 분명히 알고 명심하여 현세에서 번거로움을 완전히 떠난 사람들은 악마에게 끌리지 않는다. 그들은 악마의 종이 되지 않는다."

11

자투칸닌 존자가 물었다.

"저는 용사로 욕망이 없는 사람이 있다는 말을 듣고 거센 흐름을 건넌 사람(부처님)에게 '욕심 없는 것'에 대해 묻고자 이곳에 왔습니다. 평안의 경지를 말씀해 주십시오. 본래 눈이 있는 분이시여, 스승이시여, 그것을 사실대로 말씀해 주십시오.

거룩한 스승께서는 모든 욕망을 버리고 억제하고 사십니다. 마치 빛나는 태양이 빛으로 인해 대지를 이기는 것과 같습니다. 지혜 많으신 분이여, 지혜가 적은 저에게 법을 설해주십시오. 그것을 알고자 합니다. 이 세상에서 생과 노쇠를 버리는 일에 대해서."

스승은 대답하셨다.

"자투칸닌이여, 모든 욕망에 대한 탐욕을 억제하여라. 떠남(出離)을 안온으로 보아라. 그대에게는 취할 것도 버릴 것도 있어서는 안 된다.

과거에 있던 것(번뇌)을 말려버려라. 미래에는 그대에게 아무것도 없게 하라. 중간에 있어서도 그대가 아무것에도 집착하지 않는다면, 그대는 평안해질 것이다.
바라문이여, 명칭과 형태에 대한 탐착을 떠난 사람에게 여러 가지 번뇌는 있을 수 없다. 그러므로 그는 죽음에 지배될 염려가 없다."

12

바드라우다 존자가 물었다.

"집착의 주소를 버리고 애착을 끊어 괴롭거나 동요되는 일 없이, 환희를 버리고 거센 흐름을 건너 이미 해탈하고, 계략이 없는 현명한 당신께 원합니다. 용(부처님)의 말씀을 듣고 사람들은 이곳에서 물러날 것입니다.

용자(勇者)시여, 당신의 말씀을 듣고자 많은 사람들이 여러 지방에서 모여들었습니다. 그들을 위해 잘 설명해 주십시오. 당신께서는 법을 있는 그대로 알고 계시니 말입니다."

거룩한 스승은 대답하셨다.

"바드라우다여, 상하 · 좌우 · 중간에 걸리는 애착을 모조리 없애라. 세상에 있는 어느 것에라도 집착하면, 그것 때문에 악마가 따라다니게 된다.

그러기 때문에 수행자는 바르게 알고 명심해서, 세상에 있는 어느 것에나 집착해서는 안 된다. 죽음의 영역에 애착을 느끼는 이런 사람들을 '집착하는 사람들'이라 보고서."

13

우다야 존자가 물었다.
"이 세상의 티끌과 때를 벗어나 명상에 잠겨 할일을 다 마치고, 번뇌에 더럽힘 없이 피안에 도달한 스승께 묻고자 이곳에 왔습니다. 무명(無明)을 깨트리는 일과 이에 의한 해탈을 말씀해 주십시오."

거룩한 스승은 대답하셨다.
"우다야여, 애욕과 근심, 이 두 가지를 버리고 우울한 마음이 되지 않고 후회하지 않는 고요한 마음과 깨끗한 생각으로 진리에 대한 사색을 먼저 하는 것, 이것이 무명을 깨트리는 일이며, 이에 의한 해탈을 얻는 일이라고 나는 말한다."

"세상 사람들은 무엇으로 인해 속박되어 있는 것입니까? 세상 사람들을 움직이게 하는 것은 무엇입니까? 무엇을 끊어버림으로써 평안의 열반이 있다고 말하는 것입니까?"

"세상 사람들은 욕망을 만족시키려는 일에 속박되어 있다. 생각이 세상 사람들은 움직이게 한다. 애착을 끊어버림으로써 평안의 열반이 있다고 나는 말한다."

"정신 차려 행하는 사람의 식별 작용은 어떻게 없애는 것입니까? 그것을 스승께 묻고자 온 것입니다. 당신의 그 말씀을 듣고 싶습니다."

"안팎으로 감각적 감수(感受)를 기뻐하지 않으면 정신 차려 행하는 사람의 식별 작용은 없어지는 것이다."

14

포사라 존자가 물었다.
"과거의 일들을 설명하고 괴로워하지 않고 동요하지 않으며, 의혹을 끊고 모든 사물의 피안에 이른 스승께 묻고자 이곳에 왔습니다.
물질적인 형태의 생각을 떠나, 신체를 모두 버리고, 안팎으로 '아무것도 없다'고 보는 사람의 지혜를 묻고 싶습니다. 석가시여, 그러한 사람은 다시 어떻게 인도되어야 합니까?"

거룩한 스승은 대답하셨다.
"포사라여, 모든 식별 작용이 머무는 상태를 알아버린 완전한 사람(여래)은 그가 존재하는 모양도 알고 있다. 즉, 그는 해탈하여 거기에 의존하고 있음을 아는 것이다.
무소유가 성립되는 까닭, 즉 '기쁨은 속박이다'라고 알아 그것에 대해 조용히 관찰한다. 안정된 바라문에게는 이와 같은 분명한 지혜가 있다."

15

모가라자 존자가 물었다.

"저는 지난날 두 번이나 석가님께 물었습니다. 그러나 눈이 있는 분께서는 설명해 주시지 않았습니다. 하지만 신선(석가)은 세 번째에는 설명해 주신다고 들었습니다.

이 세상도 저세상도 신과 함께 있는 범천(梵天)의 세계도, 명망이 높은 고타마의 견해는 모르고 있습니다.

이렇게 오묘한 분께 묻고자 이곳에 왔습니다. 세상을 어떻게 보는 사람을, 죽음의 왕(염라대왕)은 보지 못합니까?"

스승께서 대답하셨다.

"항상 정신 차려 자기를 고집하는 편견을 버리고, 세상을 빈 것(空)으로 보라. 그러면 죽음을 넘어설 수가 있을 것이다. 이와 같이 세계를 보는 사람을 죽음의 왕은 보지 못한다."

16

핑기야 존자가 물었다.

"나는 나이를 먹어서 기력도 없고 빛도 바랬습니다. 눈도 똑똑히 보이지 않고 귀도 들리지 않습니다. 내내 헤매다가 그대로 죽지 않도록 하여주십시오. 원컨대 진리를 말씀해 주십시오. 알고 싶습니다. 이 세상에서 삶과 늙어 쇠함을 버리는 길을."

스승은 대답하셨다.

"핑기야여, 물질적인 형태가 있기 때문에 사람들이 쇠퇴해 가는 것을 볼 수 있고 물질적인 형태가 있기 때문에 게으른 사람들은 병에 시달립니다. 핑기야여, 그러므로 당신은 게으르지 말고 물질적인 형태를 버려, 다시는 생존의 상태로 돌아오지 않도록 하십시오."

"온 세상 시방(十方)세계에서 당신이 보이지 않고, 들리지 않고, 생각하지 않고, 또 인식되지 않은 것은 하나도 없습니다. 원컨대 법을 설해주십시오. 그것을 알고 싶습니다.

이 세상에서 삶과 늙어 쇠함을 버리는 길을."

스승께서 대답하셨다.
"핑기야여, 사람들은 애착에 빠져 고뇌하고, 늙음에 쫓기는 것을 볼 수 있습니다. 그러므로 핑기야여, 당신은 게으르지 말고 애착을 끊어 다시는 생존 상태로 돌아오지 않도록 하십시오."

스승께서 마가다국 파사나카 사당에 계실 때에 위와 같은 설법을 하시고, 바바린의 제자인 열여섯 바라문의 질문에 따라 대답하셨다. 만약 그 질문의 낱말의 뜻과 이치를 알고 이치를 따라 실천한다면, 노쇠와 죽음의 피안에 이를 것이다. 이 가르침은 피안에 이르게 하는 것이므로, 이 법문을 '피안에 이르는 길'이라 부른다.

해설

《숫타니파타(Sutta-nipāta)》는 불경 가운데 가장 먼저 이루어진 경으로 초기 경전을 대표하는 경이다. 수타(sutta)는 팔리어로 경(經)이란 말이고 니파타(nipata)는 모음(集)이란 뜻으로 부처님 말씀을 모아놓은 것이란 뜻이다.

이 경은《법구경》등과 같이 성립된 시기를 인도의 아소카 왕(마우리야 왕조 3대 왕, 재위 BC 268~BC 232) 이전으로 보고 있다. 모두 5품(5장)으로 되어 있는데, 이 가운데 제4장 〈의품(義品)〉 속에 들어 있는 8편의 게송과 제5장 〈피안도품(彼岸道品)〉이 먼저 이루어진 것으로 5품의 내용이 별도로 유통되다가 어느 시기에 함께 모아져 합집된 것으로 본다. 원래 이《숫타니파타》는 팔리어로 된 남전(南傳) 장경에 속한 경이다. 그러나 한역 장경 속에도 이 경의 제4장 〈의품〉에 해당되는《불설의족경(佛說義足經》2권이 번역, 포함되어 있다. 이는 서북 인도 출신의 지겸(支謙)이 중국으로 와 오(吳)나라 때 3세기 중엽에 번역한 것으로 알려져 있다.

《숫타니파타》는 무엇보다도 석가모니 부처님을 역사적 인물로 이해하는 데 매우 중요한 경이다. 물론《아함경》등에도 부처님의 역사적 행적을 찾아볼 수 있는 점이 많이 있으나《아함경》보다 이 경이 먼저 이루어진 경이므로 부처님의 육성이 제일 먼저, 그리고 더 생생하게 담겨 있는 경이라 할 수 있다.

이 경은 불교의 종교적 신앙 색채를 거의 띠고 있지 않으면서 단순하고 소박한 말씀으로 수행의 길을 간명하게 밝히고 있다. 한 말씀 한 말씀에 부처님의 자상한 인간미가 배어 있으며, 지혜롭고 자비로운 부처님의 이미지가 경문을 통하여 느껴지는 것 같기도 하다.

원래《숫타니파타》의 경문은 운문인 시의 형식으로 이루어져 있어 제자들이 부처님 말씀을 읊으면서 기억하도록 했던 것이다. 마치 우리가 시를 외우고 읊으면서 시를 감상하는 것처럼 부처님 말씀을 읊으면서 음미하도록 했다는 말이다. 물론 중간 중간에 산문체의 긴 글귀가 나오기도 한다. 또 같은 말이 반복해서 설해지고 있는 곳도 꽤 많다.

제1장 〈사품(蛇品)〉이라는 뱀의 장에서는 뱀이 허물을 벗는 이야기를 비유로 들어 수행자는 이 세상 저세상을 다 버린다는 이야기가 나온다. 이는 모두 세속적 경계를 버

리는 수행자의 근본정신에 대해 설해놓은 이야기다.

"무화과나무 숲속에서 꽃을 찾아도 얻을 수 없듯이 모든 존재를 실체가 없는 것이라고 보는 수행자는 이 세상 저세상을 모두 버린다. 마치 뱀이 묵은 허물을 벗듯이."

또 '무소의 뿔처럼 혼자서 가라'는 후렴이 붙어 있는 말들이 계속해 나오는 대목도 있다.

"모든 생명체에 대하여 폭력을 쓰지 말고, 모든 생명체 그 어느 것이라도 괴롭히지 말며, 또 출가수행자는 자녀를 갖고자 하지 말라. 하물며 친구이랴. 무소의 뿔처럼 혼자서 가라."

이러한 말들은 출가수행자가 어떠한 정신에서 출가수행자가 되는가를 밝혀주는 말들이다. 오직 스스로의 독립과 자유를 찾아 어디에도 매이는 인연을 만들지 말라 했다. 사람에게 그리움을 가져서도 안 된다 했다. 연정에서 우환이 생긴다는 것을 일깨워 사람을 사귀어 정을 붙이지 말 것도 강조했다.

대장장이 아들 춘다가 부처님께 질문을 한다.

"위대하고 지혜로운 성인, 눈을 뜬 어른, 진리의 주인, 애착을 떠난 분, 인류의 가장 높은 자, 뛰어난 마부께 묻겠습니다. 이 세상에는 얼마나 되는 수행자가 있습니까?"

부처님은 대답하기를,

"춘다여, 네 가지 수행자가 있다. 도로써 이긴 자와 도를 말하는 자와 도에 사는 자, 그리고 도를 더럽히는 자이니라."

자비를 실천할 것을 강조하는 이야기도 있다.

"어머니가 목숨을 걸고 외아들을 아끼듯이 모든 생명체에 대해 한없는 자비심을 내라."

"눈에 보이는 것이나 보이지 않는 것이나, 멀리 있는 것이나 가까이 있는 것이나, 이미 태어난 것이나 앞으로 태어날 것이나 모든 살아 있는 것은 모두 행복하여라.”

그리고 서 있을 때나 길을 걸을 때나 앉아 있을 때나 누워 있을 때나 언제나 자비심을 굳게 가지고 있어야 한다고 했다.

인생을 살면서 파멸의 길을 가서는 안 된다는 가르침도 있다.

“번영하는 사람도 알아보기 쉽고 파멸로 가는 사람도 알아보기 쉽다. 진리를 사랑하는 사람은 번영하고 진리를 싫어하는 사람은 망한다.”

“자기는 풍족하게 살고 있으면서 늙어 쇠약한 부모를 돌보지 않는 사람이 있다. 이는 파멸의 문이다.”

“여자에게 미치고 술과 도박에 빠져 버는 족족 잃어버리는 사람이 있다. 이는 파멸의 문이다.”

“자기 아내로 만족하지 않고 매춘부와 놀아나고 남의 아내와 어울린다. 이는 파멸의 문이다.”

"술과 고기 맛에 빠져 돈을 헤프게 쓰는 여자나 남자에게 집안 살림의 실권을 맡긴다면 이는 파멸의 문이다."

천한 사람이 되지 말라 하여 어떤 사람이 천한 사람인가 설명하는 대목도 있다.

"화를 잘 내고 원한을 품으며, 간사하고 악독해서 남의 미덕을 덮어버리고, 그릇된 소견으로 음모를 좋아하는 사람, 이런 사람을 천한 사람이라 한다."

"나쁜 일을 하면서 아무도 자기가 한 일을 모르기를 바라며 숨기는 사람, 이런 사람은 천한 사람이다."

"남을 괴롭히고 욕심이 많으며, 나쁜 욕망이 있어 인색하고, 덕도 없으면서 존경받으려 하며, 부끄러움을 모르는 사람, 이런 사람은 천한 사람이다."

"태어날 때부터 천한 사람이 되는 것은 아니다. 행위에 의해서 천한 사람이 되고 행위에 의해서 귀한 사람이 된다."

제2장 〈소품〉에는 '진리에 의해 행복하여라'는 부처님의 축복이 나오는 대목이 있다. 수행하여 얻은 진리가 이 세상의 보배며 이 보배에 의해 모두가 행복해지라는 축원의 말씀이 자상하게 설해진다. 그리고 과거 부처님으로 등장하는 가섭불의 가르침이라 알려진 '비린 것' 이야기가 있다. 비린 것이란, 살생 등 악업을 짓거나 바르지 못한 행동을 하는 것을 비린 냄새에 비유하여 말하고 있는 것이다.

"생명체를 죽이는 일, 때리고 자르고 묶는 일, 훔치고 거짓말 하는 일, 사기 치고 속이는 일, 그릇된 것을 배우는 일, 이런 것이 바로 비린 것이지 육식(肉食)은 그렇지 않다."

"성 잘 내고 교만하고 고집스럽고, 반항심 · 속임수 · 질투 · 허풍 · 극단적인 오만, 불량배와 어울리는 일, 이런 것이 바로 비린 것이지 육식은 그렇지 않다."

부처님은 인생의 행복에 대하여 설하면서 삶의 본질적인 의미를 밝히고 있다. 말하자면 불교의 행복론이라 할 수 있는 법문이다.

"어리석은 사람을 가까이하지 않고 어진 이를 가까이하며, 존경할 만한 사람을 존경할 줄 아는 것, 이것이 최상의 행복이다."

"분수에 맞춰 살고 공덕을 쌓으며, 스스로 바른 서원을 세우는 것, 이것이 최상의 행복이다."

"부모를 잘 섬기며, 처자를 사랑하고 보호하며, 일에 있어 질서가 있어 혼란하지 않은 것, 이것이 최상의 행복이다."

"존경과 겸손과 만족과 감사와 때로는 가르침을 듣는 것, 이것이 최상의 행복이다."

"세상일에 부딪쳐도 마음이 흔들리지 않고 걱정과 티가 없이 안온한 것, 이것이 최상의 행복이다."

제자들에게 경책하면서 정진을 게을리하지 말라는 말씀도 있다.

"일어나라. 앉아라. 잠을 자서 너희에게 무슨 이익이 있느냐? 화살을 맞아 고통을 당하고 있는 사람에게 잠이 웬 말이냐?"

부처님은 친아들이었던 라훌라에게 이렇게 물어보기도 한다.

"라훌라야, 늘 함께 살고 있기 때문에 너는 어진 이(賢者)를 가볍게 보고 있는 것은 아니냐? 모든 사람을 위해 횃불을 비춰주고 있는 사람을 너는 존경하느냐?"

이에 라훌라는 결코 가볍게 보는 일이 없으며 언제나 존경하고 있다고 대답한다.

〈소품〉의 뒷부분에는 수행자의 편력(遍歷)에 관한 이야기가 나온다. 그 가운데 이런 말이 있다.

"과거와 미래에 대해서 부질없는 생각을 하지 않고 깨끗한 지혜를 가져 모든 변화하는 현상의 영역을 벗어나 있으면 그는 바르게 세상을 편력할 것이다."

또 여덟 가지 계율에 관한 것을 설하는 대목도 있다.

"첫째, 살아 있는 생명체를 해치지 말라. 둘째, 주지 않는 것을 가로채지 말라. 셋째, 거짓말을 하지 말라. 넷째, 술을 마시지 말라. 다섯째, 부정한 짓인 음행을 떠나라. 여섯째, 밤에는 음식을 먹지 말라. 일곱째, 화환을 걸치지 말고 향수를 쓰지 말라. 여덟째, 땅 위에 펼친 자리에만 자라. 이것이 여덟 부분으로 된 우포사다(uposadha, 齋戒)다. 괴로움을 없앤 부처가 가르친 바이니라."

"법답게 얻은 재물을 가지고 부모를 섬기라. 올바른 장사를 하라. 이와 같이 열심히 살고 있는 재가자는 죽은 후에 저절로 빛이 나는 세상(부처님 세계)에 태어나리라."

제3장 〈대품〉에는 먼저 출가에 대하여 이야기한다. 이 대목에서 마가다국의 왕이었던 빔비사라 왕과 대화 나누는 장면이 있다. 《불본행집경》에는 빔비사라 왕(漢譯, 洴沙王)이 출가 수행하는 고타마 태자를 영토의 절반을 줄

테니 환속하여 임금이 되라고 권하는 장면이 있으나 〈대품〉에서는 왕사성에 탁발 나온 부처님을 누각에 있던 빔비사라 왕이 보고 점잖은 거동에 마음이 끌려 신하를 보내 그가 가는 곳이 어딘지 알아 오라 한다. 고타마가 판다바 산에 사는 수행자임을 알고는 왕이 수레를 타고 판다바 산으로 가 고타마를 만나 태생을 묻는 등 대화를 나눈다.

〈대품〉 중간에 '바라문이 아님을 알아라', '나는 그를 바라문이라 부른다'라는 말이 후구(後句)로 붙어 있는 가르침의 말들이 상당 부분 나온다.

"인간 가운데서 여러 가지 기능인으로 생활하는 사람이 있다면, 그는 기능인이지 바라문이 아님을 알아라."

"인간 가운데 사고파는 것으로 생활하는 사람이 있다면, 그는 장사치이지 바라문이 아님을 알아라."

"모든 속박을 끊고 겁내지 않으며, 집착을 초월해 붙잡혀 있지 않은 사람, 나는 그를 바라문이라 부른다."

"연꽃잎의 이슬처럼, 송곳 끝의 겨자씨처럼, 온갖

욕정에 더럽혀지지 않은 사람, 나는 그를 바라문이라 부른다."

여기서 바라문이란 용어의 사용에 대해 주의할 점이 있다. 원래 바라문이란 인도의 사성 계급 가운데 최상위 신분인 바라문교의 전권을 가지고 있는 사제(司祭)를 지칭하는 말이나 불교의 초기 경전에는 이 용어가 수행의 완성자를 뜻하는 말로 쓰였다. 《숫타니파타》에서는 이 바라문이 위의 〈대품〉의 후송에는 수행의 완성자를 뜻하는 말로 쓰였지만, 다른 곳에서는 외도 수행자 범지(梵志)로 등장하는 대목이 있다. 바라문과 부처님이 문답을 주고받는 장면도 나온다.

〈대품〉에서는 사람의 행위를 중시한다는 말이 여러 차례 나온다. 이는 불교의 기본 교의라 할 수 있는 업(業, Karma)을 강조하는 대목이다.

"태생에 의해 바라문이 되는 것이 아니다. 태생에 의해 바라문이 안 되는 것도 아니다. 행위에 의해 바라문이 되고 행위에 의해 바라문이 안 되기도 하는 것이다."

"행위에 의해 농부가 되고 행위에 의해 기능인이 되며, 행위에 의해 장사치가 되고 행위에 의해 고용인이 된다. 행위에 의해 도둑이 되고 행위에 의해 무사가 되고, 행위에 의해 제관이 되고 행위에 의해 왕이 된다.

현자는 이와 같이 행위를 사실 그대로 본다. 그들은 연기(緣起)를 보는 자이며, 행위와 그 과보를 알고 있다.

세상은 행위로 말미암아 존재하며, 사람들도 행위로 인해서 존재한다. 살아 있는 모든 것은 행위에 매여 있다."

"그 어떤 업(業)도 소멸하지 않는다. 그것은 반드시 되돌아온다. 업을 지은 당사자가 그 과보를 받는다."

초기 경전이 다 그러하듯이 악(惡)을 징계하는 말이 자주 나온다. 사소한 말 한마디의 실수라도 바른 수행자는 스스로에게 용납하지 않는다고 했다.

"사람이 태어날 때 그 입 안에 도끼를 가지고 나온

다. 어리석은 자는 욕설을 함으로써, 그 도끼로 자
신을 찍고 마는 것이다."

제4장 〈의품(義品)〉은 '욕망', '동굴', '분노' 등 여덟 편의 게(偈), 곧 시구가 설해져 있다. 이 가운데 '동굴' 장(章)은 인간의 육체를 동굴에 비유하여 설한 유명한 이야기로 사람이 집착을 벗어나기 어려움을 설하고 있다.

"동굴 속에 머물러 집착하고, 온갖 번뇌에 덮이어 미
망(迷妄) 속에 빠져 있는 사람, 이런 사람은 집착에
서 벗어날 수가 없다. 이 세상 욕망은 참으로 버리기
어렵기 때문이다."

번뇌의 화살을 빼라는 말도 있다. 사람의 몸뚱이에 번뇌의 화살이 박혀 있다는 뜻이다.

늙음을 주제로 해 인생의 무상을 노래한 대목도 있다.

"아, 짧도다. 인간의 생명이여. 백 살도 못 되어 죽
고 마는가? 아무리 오래 산다 해도 결국은 늙어서
죽는 것.
이를 테면 잠이 깨어 눈을 뜬 사람은 꿈속에서 만난

사람을 다시 만날 수 없듯이 사랑하는 사람이 죽어 세상을 떠나면 다시는 만날 수가 없는 것이다. 제아무리 명성이 높던 사람도 한 번 죽은 후에는 그 이름만 남을 뿐이다."

제5장 〈피안도품(彼岸道品)〉에는 바라문의 제자 16명으로부터 차례로 질문을 받고 답해주는 내용이 설해져 있다.

존자 아지타가 물었다.

"세상은 무엇으로 덮여 있습니까? 세상은 무엇 때문에 빛나지 않습니까? 세상을 더럽히는 것은 무엇입니까? 세상의 커다란 공포는 무엇입니까?"

"아지타여, 세상은 무명에 덮여 있다. 세상은 탐욕과 게으름 때문에 빛나지 않는다. 욕심은 세상의 때이며, 고뇌는 커다란 공포라고 나는 말한다."

《숫타니파타》에는 부처님을 눈 뜬 사람이라고 표현한 말이 자주 나온다.

"눈 뜬 사람의 말씀을 그대로 실천하는 사람은 이 언덕에서 저 언덕으로 이를 수 있다"고 했다.

이상이 《숫타니파타》의 내용을 간략히 요약해 본 것이다. 부처님 설법의 원형이라 할 수 있는 이 경은 계(戒)·정(定)·혜(慧) 삼학과 4성제, 12인연 등의 불교의 근본 교리도 사변적인 이론을 내세우지 않은 채 소박하게 설해져 있다.

옮긴이에 대해

지안은 1947년생으로 1970년 통도사로 출가한 이후 승가 교육기관인 전통강원에서 불교 경전을 공부했다. 오랫동안 교학을 연구하며 강원의 강주(講主)를 역임하고 강사 양성 교육기관인 조계종 종립 승가대학원장을 역임했다. 승가 고시위원장을 역임했으며 역경에도 종사했다. 현재는 통도사 반야암에 머물고 있으며 반야불교문화연구원 원장을 맡고 있다.

저서로는 《금강경 이야기》, 《대승기신론 신강》, 《선가귀감 강의》, 《선시산책》등과 역서 《왕오천축국전》, 산문집으로 《마음의 정원을 거닐다》, 《산사는 깊다》, 《학의 다리는 길고 오리 다리는 짧다》 등 다수가 있다.

원서발췌 숫타니파타
-정수 375편

지은이 미상
옮긴이 지안
펴낸이 박영률

초판 1쇄 펴낸날 2011년 11월 30일
개정1판 1쇄 펴낸날 2026년 1월 20일

커뮤니케이션북스(주)
출판등록 제313-2007-000166호(2007년 8월 17일)
02880 서울시 성북구 성북로 5-11
전화 (02) 7474 001, 팩스 (02) 736 5047
commbooks@commbooks.com
www.commbooks.com

지식을만드는지식은
커뮤니케이션북스(주)의 고전 출판 브랜드입니다.

ISBN 979-11-430-0988-3 03220

책값은 뒤표지에 있습니다.